「弘法さん　かわら版」講座

仏教通史

大塚耕平

大法輪閣

まえがき

「弘法さんかわら版」を書き始めて十四年目になります。七年目にそれまでの原稿をまとめて「弘法大師の生涯と覚王山《かくおうざん》」を出版しました。この「仏教通史」はそれに続く「弘法さんかわら版」第二弾です。

「弘法さんかわら版」は覚王山日泰寺《にったいじ》（愛知県名古屋市）参道の「弘法さん」の縁日に配っています。二〇〇二年七月からひと月も欠かさず配り続けています。二〇一三年四月からは弘法山遍照院《へんじょういん》（愛知県知立市《ちりゅうし》）参道の「弘法さん」の縁日でも配り始めました。

日泰寺の縁日は新暦のお大師様の月命日（二十一日）、遍照院の縁日は旧暦の月命日。いずれも愛知県で最大規模を誇る「弘法さん」の縁日です。

筆者の私は日泰寺の地元小中学校の卒業生。二〇〇一年七月から参議院議員として仕事をさせていただいていますが、二〇〇二年五月に地元の覚王山に事務所を開きました。日泰寺参道前です。

そこで目にしたのは懐かしい「弘法さん」の縁日。子供の頃は「弘法さん」の意味も縁日の由来も知らず、毎月二十一日になると賑わいを楽しみ、縁日以外の日も日泰寺の境内で野球をし、お寺の界隈で同級生と遊ぶ日々でした。

せっかく地元に帰ってきたので、この際、縁日の由来などを調べてみたい、多少は地元の歴史や商店街の振興に役立ちたいとの思いで「弘法さんかわら版」を書き始めました。

当初は日泰寺の来歴、地元名刹の縁起などに触れつつ、お大師様とはいかなる人であったのかなど、興味の赴くままに書き進め、第一弾の「弘法大師の生涯と覚王山」となりました。

その後、かわら版を受け取ってくださる読者の皆さんから「お釈迦様は実在の人だったの」「仏教はどうやって日本に伝わってきたの」「いろいろ宗派があるけど何が違うの」等々、素朴な質問をいただくようになり、この際、仏教史を勉強してみようという気になりました。

二〇〇九年のお釈迦様の生涯を皮切りに、以来、仏教伝来、聖徳太子の生涯、飛鳥・奈良時代の三巨人、最澄と空海、鎌倉仏教から近代までを順次とりあげ、二〇一四年に完結。かわら版の第七十九号から百五十一号までをまとめたのが、この本「弘法さんかわら版」第二弾です。

あくまで趣味の本です。宗教家でも専門家でもありませんので、内容に間違いや不正確な記述があるかもしれません。どうぞご容赦ください。

仏教史を勉強していると、日常生活のみならず、仕事のうえでも実に多くの気づきを得られます。

とくに、日本の仏教史を理解するためには、古代・中世・近世の日本史を理解することが必須であり、仏教の歴史は日本の歴史でもあることを痛感します。また、日本の古代史は中国大陸や朝鮮半島の攻防史と密接不可分であることが再認識できます。日本史との関係も整理しながら仏教史を通しで書き下ろしましたので、本のタイトルは「仏教通史」としました。

日本人は無宗教だと評されることがありますが、それは違います。人の心にも、社会の慣習にも、日常生活にも、日本古来、日本人固有の宗教的な深層心理が宿っています。

八百万《やおよろず》の神々を敬う自然崇拝の民族信仰、日本古来の山岳信仰や修験道に、儒教、道教、仏教などの教えが融合し、やがて神仏混交、本地垂迹説《ほんじすいじゃくせつ》に代表される日本人独特の宗教観が形成されました。その深層心理は今も強く根づいています。

その独特の宗教観が、どのような経緯で形成されたのか、その本質は何なのかといったことを深く洞察しない限り、日本社会の特徴を理解することはできません。この本を通して、一緒に仏教の歴史、日本の歴史を旅して考えていただければ、筆者として望外の喜びです。

「弘法さんかわら版」を執筆するに当たり、日泰寺参道入口の老舗果物店「弘法屋」の皆さんにはずっとお世話になっています。日泰寺周辺には四国八十八ヶ所霊場(札所)の「写し」があり、先代の片岡正明さんはその維持、存続にご尽力されました。先代の奥さんである伯子《みちこ》さんはお遍路さんのベテランの集まりである「先達会」の大先達でした。おふたりともお亡くなりになりましたが、生前のご厚情に感謝しつつ、ご冥福をお祈り申し上げます。

現在のご主人、片岡髙文さんは小中学校の同級生です。奥さんの三佳さんは先代の作成した札所マップの作成管理を引き継いでいます。この本の後見返しの地図は三佳さんの作成によるものです。

お釈迦様をはじめ、聖徳太子、行基、鑑真、最澄、空海ほか、本書に登場する人物の年齢表記は、便宜上、誕生年から算出した当該年の満年齢に統一しています。他の文献で紹介されている年齢と異なるかもしれません。そのほか、人名の読み方等々、内容的に至らぬ点が多々あると思いますが、全て筆者の勉強不足に起因します。何卒ご容赦ください。今後の精進の糧とさせていただきます。

本書の出版にあたり、編集・校正の過程でお世話になった大法輪閣の黒神直也さん、「弘法さんかわら版」の配布にご協力いただいているボランティアの皆さん、事務所スタッフ、家族に、この場を借りて謝意を表します。

二〇一五年からの「弘法さんかわら版」は四国八十八ヶ所霊場の紙上遍路の旅に出ています。引き続きのご愛顧をお願い申し上げます。

大塚耕平

二〇一五年八月　盛夏

「弘法さん かわら版」講座

仏教通史

【目次】

第二章 仏教伝来…47

第六章　最澄・空海以後の仏教…187

目　次

装丁／ツヅリ・ワークス

日本仏教

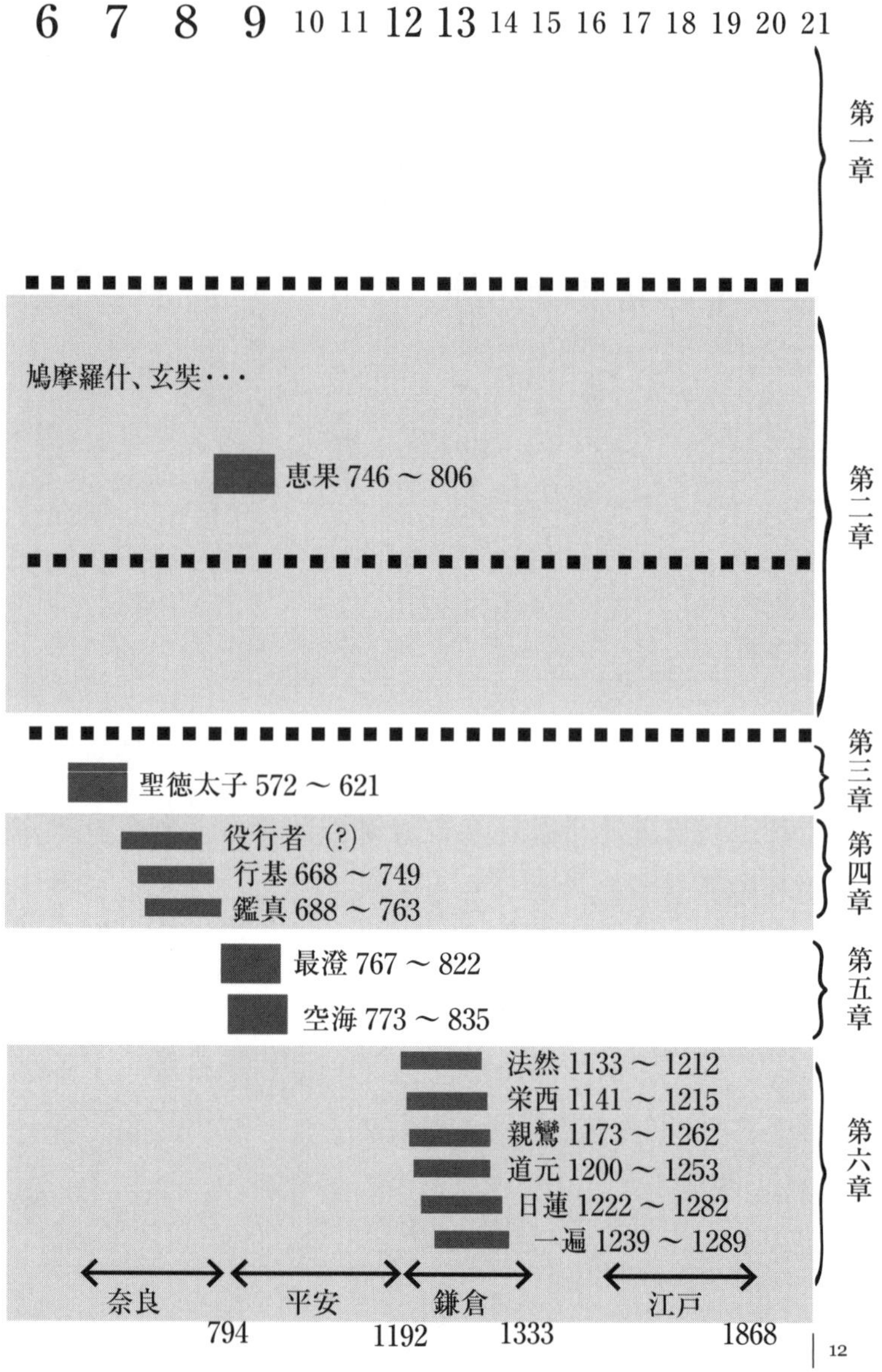

6 7 8 9 10 11 12 13 14 15 16 17 18 19 20 21
第一章
鳩摩羅什、玄奘・・・
恵果 746 ～ 806
第二章
第三章
聖徳太子 572 ～ 621
役行者（?）
行基 668 ～ 749
鑑真 688 ～ 763
第四章
最澄 767 ～ 822
空海 773 ～ 835
第五章
法然 1133 ～ 1212
栄西 1141 ～ 1215
親鸞 1173 ～ 1262
道元 1200 ～ 1253
日蓮 1222 ～ 1282
一遍 1239 ～ 1289
第六章
奈良
平安
鎌倉
江戸
794
1192
1333
1868

(図1) 仏教伝来と

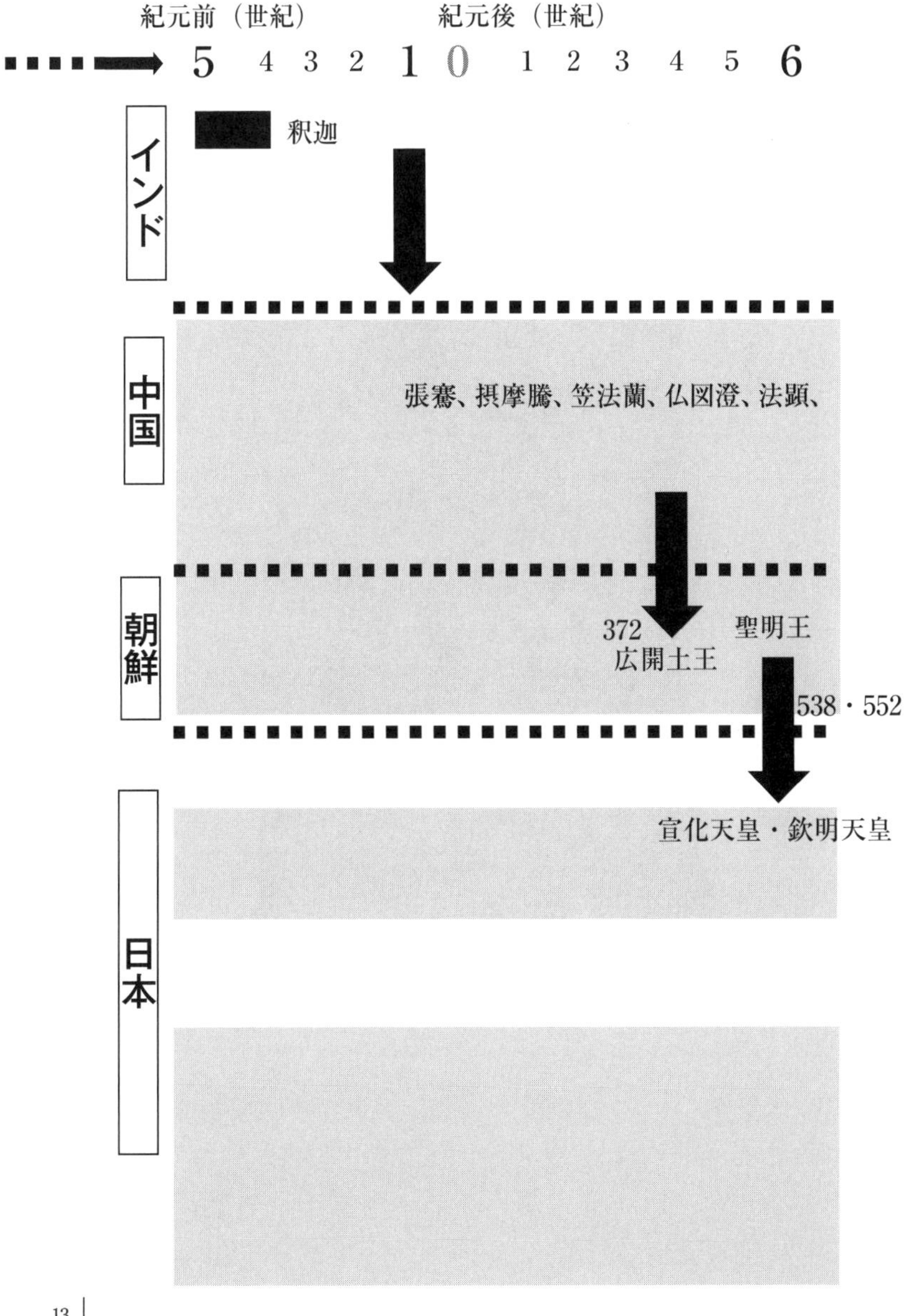

紀元前（世紀）
紀元後（世紀）
5 4 3 2 1 0 1 2 3 4 5 6
インド
釈迦
中国
張騫、摂摩騰、笠法蘭、仏図澄、法顕、
朝鮮
372
広開土王
聖明王
538・552
日本
宣化天皇・欽明天皇

釈尊初転法輪像（インド・サールナート）

第一章　お釈迦様の生涯

仏教の歴史を旅するこの本の始まりは、もちろんお釈迦様の生涯からです。今から約 2500 年前のインドの人であるお釈迦様の人生や教えが、今日の私たちに影響を与え続けていることは本当に驚きです。

心静かに悠久のインドに思いをはせ、仏教探訪の旅を始めましょう。

一　お釈迦様の誕生

シャーキャ国のお釈迦様

お釈迦様は今から約二千五百年前、紀元前四六三年にインドの北部、ネパールとの国境近くのシャーキャ国で生まれました。

のちに中国でシャーキャ国のことを釈迦国と表記するようになったため、お釈迦様と呼ばれるようになりました。お釈迦様の本名は、サンスクリット語でガウタマ・シッダールタ、パーリ語でゴータマ・シッダッタ。

サンスクリット語で伝わった北伝仏教（インドから陸路中国に伝わった仏教）は大乗仏教、パーリ語で伝わった南伝仏教（インドから海路東南アジアに伝わった仏教）は上座部仏教のルーツです。

白い象とマーヤー夫人《ぶにん》

お釈迦様の父はシュッドーダナ王、母はマーヤー夫人。

ある時、マーヤー夫人が不思議な夢を見ました。六本の牙を持つ白い象が兜率天《とそつてん》という天界から舞い降り、夫人の右脇から体内に入りました。夢占い師にこの話をすると「偉大な子どもを身ごもった」と告げられます。

マーヤー夫人は隣国のコーリヤ国の出身。出産のための里帰りの途上、ルンビニーという花園で休息中、季節外れのアショーカ樹の花を見つけます。

マーヤー夫人が何気なくそのアショーカ樹に触れると、右脇が七色に輝き出し、光の中から子どもが誕生しました。

天上天下唯我独尊《てんじょうてんがゆいがどくそん》

子どもはすぐに立ち上がり、七歩前に進んで、右手で天を、左手で地を指し、「天上天下唯我独尊」と言ったと伝えられています。

もちろん「世界中で自分が一番偉い」という意味ではありません。「生老病死《しょうろうびょうし》の苦しみから人々を救えるのは自分だけ」という意味であり、未来の仏様としての宣言でした。

お釈迦様誕生は四月八日。この日は、お花祭り、灌仏会《かんぶつえ》、降誕会《ごうたんえ》と呼ばれ、誕生仏に甘茶をかけて祝います。

お釈迦様が誕生した時に、甘露の雨と美しい花が天から降ってきたという故事に因《ちな》みます。

シュラマナ（沙門）

当時のインドは外来のアーリア人が支配し、ヴァルナ（四姓《ししょう》）制度が定着。のちのカースト制度です。

バラモン（司祭）、クシャトリヤ（王族）、ヴァイシャ（庶民＝農工商）、シュードラ（奴隷）の四姓。

アーリア人はバラモンであり、彼らの間で普及していたのがバラモン教。のちのヒンドゥー教です。お釈迦様は王族ですからクシャトリヤでした。

この時代、富を蓄えた商人が力を持って長者と呼ばれ始め、王族とともに社会の上流階級を形成。この層がバラモン教にとらわれない新しい文化や思想を生み出す原動力となります。

その中心となったのが出家遊行《ゆぎょう》して各地を回るシュラマナ（沙門《しゃもん》）と呼ばれる修行者。この沙門は、のちにお釈迦様の出家と大きく関わります。

何の不自由もない王子の身分で誕生したにもかかわらず、お釈迦様はやがて出家します。次は、出家に至るお釈迦様の悩みについてです。

二 青年王子の悩み

アシタ仙人の涙

シャーキャ国の都はカピラヴァスツ、お釈迦様の父、シュッドーダナ王の居城はカピラ城。王子の誕生で沸くカピラ城をアシタ仙人が来訪。ヒマラヤ山麓に住むアシタ仙人は未来を予見する能力に長《た》けていました。

アシタ仙人は王子を見ると落涙。シュッドーダナ王が理由を尋ねると、「この王子は尊い運命の下に生まれました。王位を継げば世界を統一する転輪聖王《てんりんじょうおう》となり、出家すれば覚りを開き、人々を導くでしょう。年老いた私は、王子が立派に成長するまでは生きていられないのが悲しいのです」と答えたそうです。

王子の幸せな生活

王子の母、マーヤー夫人は産後の肥立ちが悪く、一週間後に亡くなってしまいました。シュッドーダナ王は、王子の養育のことも考え、マーヤー夫人の妹、マハープラジャーパティを後妻に迎えました。

シュッドーダナ王とマハープラジャーパティ夫人の間には、王子の異母弟となるナンダが生まれました。のちに、ナンダはお釈迦様の高弟となります。

王子は誕生直後に生母を亡くしたとは言え、家族に恵まれ、何の不自由もない幸せな生活を送っていました。

カシミヤのルーツであるカーシー（インド古代十六大国）産の高級織物の衣服をまとい、冬、夏、雨期用の三つの宮殿を与えられ、大勢の召使や家来に囲まれ、悩みとは無縁の王子の暮らしぶりでした。

シュッドーダナ王の不安

シュッドーダナ王は王子の成長振りに目を細めていましたが、アシタ仙人の言葉がずっと気になっていました。

長じるにつれ、王子は物思いにふけることが多くなりました。思慮深い王子の性格が「いつか出家すると言い出すのではないか」とシュッドーダナ王をますます不安にさせていました。

思慮深い王子の性格に一役買ったのが、シャーキャ国の田園風景だったと言われています。シャーキャ族は農耕民族であり、シャーキャ国は農業国家。お釈迦様は子どもの頃から田園風景を眺めて育ちました。

土の中に生息する虫を小鳥がついばみます。虫をくわえて飛び立った小鳥が鷲《わし》に襲われます。そして、その鷲もやがて屍《しかばね》となり、他の動物の餌となり、土の栄養にかえります。

こうした自然の摂理を日頃から身近に感じていた王子は、生きるために食を満たさなければならない現実、生あるものは必ず滅するという現実を感得し、物思いにふける日々が増えていきました。若くしてこの世の無常を感じ、悩んでいたのです。

カピラ城内の木陰で日々静かに瞑想する王子。シュッドーダナ王の不安は頂点に達し、王子の関心をほかに向けさせようとします。

まもなく、シュッドーダナ王は王子にヤショーダラーという美しい妻を迎えさせます。しかし、王子の悩みは深く、やがて出家の契機となる四門出遊《しもんしゅつゆう》を体験します。

三　四門出遊

ヤショーダラー

シャーキャ国の王子であるお釈迦様。長じてこの世の無常を考えてもの思いにふける青年に育ちました。

「王子は出家して覚りを開くか、王位を継いで転輪聖王《てんりんじょうおう》になる」というアシタ仙人の予言を聞いた父、シュッドーダナ王。王子が出家するのではないかと心配していました。

王子に早く王位を継がせたいシュッドーダナ王。そこで、王位継承に備えて王子に結婚を勧めました。時に王子は十六歳。王子は一週間ほど熟慮の末、父の勧めを受け入れました。妃の名はヤショーダラー。美しく優しい妃だったと言われています。

ラーフラ

「人はなぜ生まれ、老い、病に倒れ、死んでいくのか」。瞑想にふける王子の日常は変わりませんでしたが、結婚生活は平穏でした。

やがて、ヤショーダラーが男児を出産。これで王子の出家の心配もなくなると喜んだシュッドーダナ王の期待に反し、王子は「ラーフラが生まれた」とつぶやいたそうです。

ラーフラとは「妨《さまた》げ」という意味。この世の無常を覚るために瞑想にふける王子にとって、愛するわが子の誕生は心が揺らぐ原因になると感じていました。そのことが「ラーフラが生まれた」というつぶやきにつながったようです。

このことから、男の子はラーフラと名づけられました。何だかかわいそうな気もしますが、それだけ王子の愛情が深かったということでしょう。

四門出遊

お釈迦様のことを案じたシュッドーダナ王。ある時、王子に気分転換のために散策に出ることを勧めたそうです。

さて、王子がカピラ城の東門から散策に出かけると、息も絶え絶えの老人に遭遇。「人はなぜ老いるのか」。王子は沈痛な気持ちになり、カピラ城に引き返しました。

次に南門から外出。すると今度は道端で苦しむ病人に遭遇。「人はなぜ病に倒れるのか」。王子は再び重い気持ちになって城に戻りました。

しばらくして西門から外出すると、葬列とすれ違いました。「人はなぜ死を避けることができないのか」。王子はこの世の無常に心を痛めて、三度《たび》城に引き返しました。

そして最後に北門から出かけようとすると、ひとりのシュラマナ（沙門《しゃもん》）が歩いていました。その姿は堂々として光り輝き、この世の無常を達観しているようでした。

「あの沙門のように俗世を離れて修行を積み、人の生老病死の運命、この世の無常を覚りたい」。王子の頭に「出家」という二文字が浮かびました。

この出来事を四門出遊と言います。王子が出家する契機となった逸話です。

さて、お釈迦様はいよいよ出家を決断します。そして、三人の師と出会います。

四　出家と修行

二十九歳の十二月八日

四門出遊の折、沙門の神々しい姿に心を打たれた王子。この世の無常を覚るために、出家して自らも沙門となることを決意。城を捨て、家族と別れることになります。

十二月八日の夜、王子は従者のチャンダカとともに城を抜け出し、愛馬カンタカにまたがり、東に向かいました。

夜明けにアノーマー河に着くと、身につけていた全ての物をチャンダカに渡して剃髪《ていはつ》。粗末な布をまとい、いよいよ出家遊行《しゅっけゆぎょう》の生活に入りました。王子二十九歳の時です。

三人の仙人

王子は、シャーキャ国の東に位置するマガダ国に向かいました。

マガダ国の都はラージャグリハ。この都の周辺にはインド各地から沙門が集まり、修行に励んでいたそうです。

王子はまず、バッカバ仙人を訪ねました。しかし、バッカバ仙人の苦行では六道《ろくどう》（地獄・餓鬼・畜生・阿修羅・人間・天）輪廻から解脱《げだつ》できないことを覚りました。

王子は次に、無処有処《むしょうしょ》という境地を目指して修行を積むカーラーマ仙人を訪ねました。無処有処とは、心の中に何も存在しない状態。王子はまもなくこの境地を体得しましたが、それでも煩悩《ぼんのう》を乗り越えられません。

王子はさらに非想非非想処《ひそうひひそうしょ》という境地を目指すラーマプトラ仙人を訪ねます。非想非非想処は瞑想によって全ての思考をなくした状態。王子はこの境地も体得しますが、それでもこの世の無常を覚るには至りません。

ビンビサーラ王

知恵と徳を備えたシャーキャ国の王子が都に来て修行していると聞いたマガダ国のビンビサーラ王。王子を探し出し、「地位も財産も名誉も約束するので、マガダ国へ士官してほしい」と勧めました。

王子は、「この世の無常を覚り、生老病死の苦しみと六道輪廻《ろくどうりんね》の苦しみから解脱するために出家した身です」と言って、ビンビサーラ王の勧めを丁重に断ります。

ビンビサーラ王は王子の崇高な信念に感服し、「覚りを開き、解脱したのちには信者としてほしい」と申し出たそうです。

五人の沙門

三人の仙人の求道が自分の目指すものとは異なることを感じた王子は、ウルビルヴァーという村に向かいました。

村の近くにはブラークボーディ（前正覚山《ぜんしょうがくさん》）という山があり、五人の沙門が修行に励んでいました。王子はこの五人と一緒に六年間の修行生活に入ります。

この五人は、王子の父シュッドーダナ王が、王子の身を案じて送り出した家来だったという説もあります。

ところで、前書きで触れましたが、この本の生い立ちは「弘法さんかわら版」という弘法大師にまつわる話を紹介するビラが始まりです。

将来を嘱望されていた弘法大師も突然出家して修行生活に入りました。お釈迦様と弘法大師には共通点がありますね。

さて、出家遊行と修行を続けた王子はやがて覚りの境地に達します。以後は王子のことをお釈迦様とお呼びしましょう。

五　ブッダ誕生

中道《ちゅうどう》

五人の沙門と一緒に行ったブラークボーディ（前正覚山《ぜんしょうがくさん》）での修行は六年に及びました。

お釈迦様の取り組んだ苦行は断食《だんじき》が中心。一日に穀物一粒だけを食べて瞑想を続けたお釈迦様。やがて骨と皮だけの痩せたからだになり、五人の沙門はお釈迦様が死んでしまったと思ったことが何度もあったそうです。しかし、お釈迦様は「苦行では覚りを得ることはできない」と感得し、やがて山を下ります。それを知った五人の沙門は「シッダールタ（お釈迦様）は堕落して修行を止めた」と非難しましたが、それは違います。

お釈迦様は、王子時代の快楽に満ちた生活からも、身を滅ぼすような苦行からも、覚りの境地は得られないと気づき、中道の大切さを理解したのです。

スジャーター

下山したお釈迦様は、麓《ふもと》のナイランジャナー河（尼連禅河《にれんぜんが》）で身を清め、からだを癒しました。

その姿を、スジャーターという名前の里の娘が見ていました。スジャーターはお釈迦様の神々しさに思わず手を合わせて拝みました。

スジャーターは持っていた乳粥《ちちがゆ》をお釈迦様に差し出します。お釈迦様はこの乳粥をありがたく頂戴し、体力を回復したそうです。

やがて、お釈迦様は近くにあったアシヴァッタという大きな樹の下に行き、坐禅を組んで瞑想を始めました。

三十五歳の十二月八日

瞑想に入ったお釈迦様は人間や自然や宇宙の本質について沈思黙考。瞑想の中でお釈迦様は自らの欲望や葛藤《かっとう》と戦い、やがてそれを制御する力を身につけたそうです。

アシヴァッタの下で坐禅を始めて七日目、明けの明星が輝く時刻に、お釈迦様はついに万物の真理を覚り、ブッダとなりました。時にお釈迦様三十五歳の十二月八日です。

ブッダとはサンスクリット語で「目覚める」という意味。目覚めた真理の王ということから「覚王」がお釈迦様の別名となります。

また、覚りのことはサンスクリット語で「ボーディ」、漢字で「菩提《ぼだい》」と書きます。お釈迦様が覚りを開いたために、アシヴァッタの樹は「菩提樹」と呼ばれるようになりました。

ブッダ（仏陀）

真理に目覚めた人は皆ブッダです。お釈迦様から始まった仏教は、誰もがブッダを目指す教えと言えます。お釈迦様ではなくても、誰もが覚りを開いてブッダになれるのが仏教です。

もちろん、そのためには深く自分の内面を見つめ、自らの欲望や葛藤を制御するために熟考しなくてはなりません。

ブッダという言葉は中国に伝わって漢字で「仏陀」と記されました。「陀」を省略すると「仏」。それを訓読みして日本では「ほとけ」と言われるようになります。

お釈迦様が覚りを開いた十二月八日は成道会《じょうどうえ》と呼んでお寺でお祝いします。成道は成仏得道《じょうぶつとくどう》の略。覚りを開いて仏陀になることを意味します。弘法大師が覚りを開いた時も明けの明星が口に飛び込んだと言い伝えられています。ここでもお釈迦様と共通点がありますね。

お釈迦様が覚りの境地を説法することにより、やがて弟子が誕生します。

六　仏法僧

梵天勧請《ぼんてんかんじょう》

菩提樹の下で覚りを開いたお釈迦様。しかし、その覚りの内容は深淵で言葉に表し難いと感じたようです。

お釈迦様としては覚りの境地を感得するという目的を達したこともあって、この際、そのまま瞑想を続けて涅槃《ねはん》に入ろうと考えたそうです。

その時、一部始終を天界から見ていた梵天がお釈迦様の前に現れ、覚りの内容を人々に説き、衆生を救う努力をするように熱心に勧めました。この出来事は梵天勧請と言われます。梵天の説得を聞き入れ、いよいよお釈迦様の説法が始まります。

釈迦牟尼世尊《しゃかむにせそん》

覚りを開いたお釈迦様のことを仏陀と呼びます。お釈迦様に乳粥を供養したスジャーターの住むガヤー村は、仏陀が覚った場所という意味でブッダガヤーと呼ばれるようになりました。

やがて、お釈迦様はシャーキャ国の聖者（ムニ）としてシャーキャムニと呼ばれるようになります。のちに中国では、漢字で釈迦牟尼《しゃかむに》と表され、釈迦牟尼世尊、略して釈尊《しゃくそん》とも言われるようになります。

初転法輪《しょてんぼうりん》

覚りを開いたお釈迦様は、かつて師事した三仙人（バッカバ、カーラーマ、ラーマプトラ）を訪ね、自分が覚った内容を話そうと思いました。

ところが、三仙人はもはやこの世にはいないことを知ったお釈迦様。そこで、かつて一緒に修行した五人の沙門を相手に説法を行うこととしました。

その頃、五人はサールナート（鹿野苑《ろくやおん》）という場所で修行に励んでいました。

お釈迦様が修行を諦めて堕落したと思っていた五人は、お釈迦様がやって来ると聞いて「シッダールタが来たら無視しよう」と決めていたそうです。

いよいよお釈迦様が五人のところにやって来る日。五人はだんだんと近づいてくるお釈迦様の神々しい姿に心を打たれ、思わず足もとに伏したといいます。

こうして五人はお釈迦様の最初の弟子となりました。五人の弟子に初めて教えを説いたことを初転法輪と称します。

三宝と阿羅漢《あらかん》

五人の弟子ができたことで、「仏」としてのお釈迦様、その教えである「法」、それを受け継ぐ「僧」という三宝《さんぽう》、すなわち仏法僧《ぶっぽうそう》が揃ったことになります。

お釈迦様の説法を聞き、修行を続けた五人はやがて覚りを開きます。お釈迦様自身を加えて、六人の阿羅漢《あらかん》が誕生しました。

阿羅漢とはアルハットというサンスクリット語の音写で、「供養を受けるに値するもの」という意味のようです。

サーナルートのあったヴァーラーナシーという街の長者の息子ヤシャもお釈迦様に弟子入り。続いてヤシャの友人四人、その友人五十人も弟子入りしてそれぞれ覚りを開きました。

ここに、六十一人の阿羅漢による仏教教団が成立しました。

月日は過ぎ、やがて僧、尼僧、男性信者、女性信者の四衆が誕生していきます。

七　四衆と精舎

竹林精舎《ちくりんしょうじゃ》

六十一人の阿羅漢《あらかん》が誕生した後、お釈迦様はマガダ国に向いました。道中、カーシャパ三兄弟に出会います。カーシャパ三兄弟は火神を祭り、蛇を操って街道を支配。事火外道《じかげどう》と呼ばれて恐れられていました。

お釈迦様はカーシャパ三兄弟と神通力を競い合って打ち負かします。三兄弟に従っていた千人の配下がお釈迦様の弟子となりました。

マガダ国に着くと、ビンビサーラ王もお釈迦様を歓待。帰依するとともに、郊外の竹林に修行所を寄進。初めての寺院（竹林精舎）が誕生しました。

ラージャグリハの高弟

マガダ国の都ラージャグリハで、お釈迦様はのちに高弟となる多くの人々と出会います。都に住んでいたカーシャパ族のピッパリ。お釈迦様の気高さに感服して弟子入り。マハーカーシャパと呼ばれ、のちに仏教教団を継承します。

都近郊の村に住むサンジャヤという哲学者の二人の高弟、シャーリプトラとマウドガルヤーヤナ。自分たちが指導する五百人の弟子たちと一緒にお釈迦さまに帰依しました。サンジャヤは大いに悔しがったそうです。

漢訳経典では、マハーカーシャパは摩訶迦葉《まかかしょう》、シャーリプトラは舎利弗《しゃりほつ》、マウドガルヤーヤナは目犍連《もくけんれん》と呼ばれています。

尼僧のルーツ

その後、お釈迦様は故郷シャーキャ国の都カピラヴァスツに里帰り。父であるシュッドーダナ王が帰依したことから、シャーキャ国の多くの青年も出家。その中には、お釈迦様の侍者となるアーナンダ（阿難《あなん》）、義弟のナンダ（難陀）、息子のラーフラ（羅睺羅《らごら》）、従兄弟のデーヴァダッタ（提婆達多《だいばだった》）、床屋のウパーリ（優波離）などが含まれます。デーヴァダッタはのちにお釈迦様に背くことになります。

義母のマハープラジャーパティ、妻のヤショーダラーもお釈迦様に懇願して出家。ここに初めて尼僧のルーツが誕生しました。

祇園精舎《ぎおんしょうじゃ》

コーサラ国では王妃のマッリカーが熱心な仏教信者となり、王妃の勧めでプラセーナジット王も帰依。また、同国の長者スダッタは、都のシュラーヴァスティにお釈迦様を招くために祇園精舎を建てて寄進しました。

修行者となる僧、尼僧だけでなく、こうして在家信者も増えていきました。僧、尼僧、男性信者、女性信者を四衆《ししゅ》と言います。在家は出家に対する言葉。出家しないで俗世で暮らすことを表します。信者も増え、教団も大きくなりましたが、お釈迦様をはじめとする高僧は三衣一鉢《さんねいっぱつ》、つまり、三種の衣と鉢一つだけを持って修行を続けていたそうです。

四衆を従え、三衣一鉢で教えを広めたお釈迦様でしたが、晩年には辛い出来事にも遭遇します。

八　十大弟子

デーヴァダッタの離反

お釈迦様は多くの弟子と帰依者に恵まれましたが、晩年には辛い出来事にも遭遇しました。高弟のひとり、デーヴァダッタ（提婆達多《だいばだった》）はお釈迦様の従兄弟。教団に厳格な戒律を定めるように提案しましたが、中庸《ちゅうよう》を教えの旨とするお釈迦様は進言を受け入れませんでした。デーヴァダッタは教団を離れ、別の一派を形成。お釈迦様の地位を狙っていたという言い伝えもあります。また、デーヴァダッタがマガダ国の王子をそそのかし、ビンビサーラ王を幽閉させて王位を奪わせたと記している経典もあります。

お釈迦様は人間の性《さが》とも言えるデーヴァダッタの行状に直面し、心寂しかったことでしょう。

シャーキャ国の滅亡

お釈迦様に帰依したコーサラ国のプラセーナジット王は、お釈迦様の故郷シャーキャ国から妃を迎えることを熱望しました。

当時、シャーキャ国はコーサラ国に従う立場。そのため、シャーキャ国は王姫が嫁ぐことを無理強いされているように感じ、王族と召使の間に生まれた娘を王姫と偽って嫁がせたそうです。

その妃とプラセーナジット王の間にヴィルーダカ王子が誕生。王子が母の実家であるシャーキャ国を訪ねた際に「召使の子」と言われて辱《はずかし》めを受け、シャーキャ国を恨むようになりました。

ヴィルーダカは長じて父王を追放し、シャーキャ国に何度も攻め入ります。お釈迦様は三度にわたってヴィルーダカを説得して戦争を回避させました。

しかし四度目にはヴィルーダカはお釈迦様の説得を聞き入れず、シャーキャ国を滅ぼします。お釈迦様も諸行無常《しょぎょうむじょう》の現実を受け入れざるを得ませんでした。

高弟との死別

お釈迦様には十大弟子と言われた十人の高弟が師事。それぞれ最も優れた特長を冠して「〇〇第一」と称されました。十人の中でも二大高弟として一目置かれたのは、智慧第一のシャーリプトラ（舎利弗《しゃりほつ》）と、神通第一のマウドガルヤーヤナ（目犍連《もくけんれん》）。

二人はお釈迦様に代わって説法を行うほどの高弟で、リーダーとして教団を牽引していました。

しかし、シャーリプトラは赤痢にかかって他界。マウドガルヤーヤナは暴漢の凶刃に倒れてしまいます。

教団のお手本

インド北東部にヴァッジ国がありました。ヴァッジ国は徳の高い治世を行っており、お釈迦様も一目置く仏教教団のお手本のような国だったと言われています。

八十歳になったお釈迦様が霊鷲山《りょうじゅせん》という山に滞在していた折、お釈迦様に帰依するマガダ国の使者がやって来ました。使者が「ヴァッジ国を攻めてもよいか」と教えを乞うたところ、お釈迦様は「かの国は話し合いと協力の精神を重んじ、法に従い、父母や女性、子供を大切にし、祖先を敬う模範的な国である」として使者を諫めました。

さて、お釈迦様もご高齢になりました。お釈迦様と言えども、その命は永遠ではありません。いよいよ入滅の時を迎えます。

九　お釈迦様の入滅

ガンジス河の五戒

八十歳を過ぎたお釈迦様。侍者のアーナンダと弟子を伴い、ヴァッジ国の都ヴァイシャーリーに向かいました。ヴァッジ国は、故郷シャーキャ国の南に隣接し、死を予感したお釈迦様が里帰りしようとしていたとも言われています。

道中、ガンジス河を渡る際、お釈迦様が「河を渡るには、橋をかける者、筏《いかだ》で渡る者、泳ぐ者、渡り方は様々。苦を乗り越えるためにはいろいろな乗り越え方があるが、共通して守るべきは五《ご》戒《かい》（不殺生《ふせっしょう》、不偸盗《ふちゅうとう》、不邪婬《ふじゃいん》、不妄語《ふもうご》、不飲酒《ふおんじゅ》）である」と語ったそうです。最期まで弟子たちへの指導に努めるお釈迦様でした。

師の握りこぶし

ヴァイシャーリーに着くと、お釈迦様はだんだんと衰弱していきました。ある日、アーナンダがお釈迦様を介抱していると、次のようにおっしゃったそうです。

「全ての教えは包み隠さず説いてきた。皆が言う『師の握りこぶし』などというものはない。自らを島とし、自らを法として進みなさい」。

「師のにぎりこぶし」とは修行者に覚りを伝授する秘儀のことを指しましたが、お釈迦様はそれを否定し、全ての弟子に平等に教えを説きました。

島は原語でディーパ。灯とも訳せるので、この教えを自灯明《じとうみょう》、法灯明《ほうとうみょう》と言います。お釈迦様は、全ての人には仏性《ぶっしょう》が宿っており、それに気づくのが覚りであると教えました。

チュンダの施食《せじき》

お釈迦様の一行はヴァイシャーリーを発ち、かつてのシャーキャ国に向かい北上。道中、鍛治職人のチュンダの家で食事をとりました。

その直後、食当たりでお釈迦様の容態が急変。原因の料理は豚肉ともキノコとも言われていますが、経典にはスーカラ・マッダヴァと記されています。お釈迦様の最後の食事となりました。

お釈迦様はチュンダを気遣い、アーナンダに次のように言ったそうです。「チュンダが責められることがあってはならない。功徳に満ちた施食は成道《じょうどう》前の乳粥と入滅前の食事のふたつ。チュンダは仏に最後の食事を施した」。どこまでも心優しいお釈迦様でした。

最後の弟子スバッダ

一行はさらに北上してクシナガラに到着。衰弱するお釈迦様は二本のサーラ樹の間に床を用意させて横になりました。

そこにスバッダという修行者が説法を聞きたいと来訪。断ろうとする弟子を制止して、お釈迦様はスバッダを枕元に呼び教えを説きました。

スバッダは、一生を衆生教化《しゅじょうきょうげ》に捧げたお釈迦様最後の弟子となりました。

その直後、お釈迦様は弟子たちを見回し「全ては移ろいゆく。弟子たちよ、怠りなく努め励めよ」と言って入滅されました。

お釈迦様が入滅し、弟子たちはこれからどうしていけばよいのか、思い悩みました。お釈迦様のご遺体、ご遺骨の扱い方を巡っても意見の違いが生まれます。さて、弟子たちはどうしたのでしょうか。

十　第一結集《だいいちけつじゅう》

八つの仏舎利塔

お釈迦様入滅後、弟子たちは在家信者とともに葬儀を行い、ご遺体を荼毘《だび》にふしましたが、なかなか燃えなかったそうです。

七日後、教団の後継者と目されたマハーカーシャパが到着。それを待っていたかのように火がつきました。

火葬が終わると遺骨の扱いを巡って問題が発生。お釈迦様とご縁の深い八部族がそれぞれ遺骨を持ち帰ることを主張し、一触即発の状況となりました。

この時、ドローナという弟子が「お釈迦様は耐え忍び、譲り合い、争わないことを教えてくれたはずです。遺骨は平等に分けましょう」と提案。八部族で分骨し、それぞれ遺骨を安置する卒塔婆（ストゥーパ）を建てました。

ちなみに遺骨のことは原語でシャリーラ。中国では舎利と表記されたため、卒塔婆は仏舎利塔とも言われます。

余談ですが、お寿司屋さんのシャリはご飯の見た目が舎利に似ていることから由来した言葉だそうです。

アショーカ王と覚王山日泰寺

お釈迦様が入滅して約百五十年後、インドはマウリヤ朝のアショーカ王によって統一されました。

アショーカ王は、インド統一の過程で体験した悲惨な戦争への反省もあって、仏教に傾倒。信仰の対象となっていた仏舎利を八万四千の塔に祀り直したと言われています。

そのうちのひとつの塔を、一八九八年、北インドのピプラーワーでイギリス人探検家、ウィリアム・ペッペが発掘。

塔からは「シャーキャムニの遺骨」と記された壺が出土。この壺の中にあった仏舎利がインドからタイ王室、そして日本に渡り、覚王山日泰寺に祀られました。その経緯については、既刊の『弘法さんかわら版（弘法大師の生涯と覚王山）』をご覧ください。

五百羅漢

ところで、お釈迦様入滅後の教団はどうなったのでしょうか。

お釈迦様は弟子の個性に合わせて対機説法（応病与薬、臨機応変）を行ったため、体系的な記録は一切残さず、その教えは全て口伝《くでん》でした。

マハーカーシャパは「口伝の内容を記録して後世に伝えないと教えが廃れる」と危機感を抱いたそうです。

そこで、マガダ国のラージャグリハにある七葉窟《しちようくつ》にお釈迦様の高弟五百人を集め、経典の編纂会議を開催。これを第一結集と言います。覚りを開いた高弟のことを阿羅漢と言います。日本のお寺によく祀られている五百羅漢はこの第一結集に由来します。

三蔵

経典の最初が「如是我聞《にょぜがもん》」から始まるのは「私はお釈迦様からこのように聞いた」という意味であり、口伝を編纂した名残です。

お釈迦様の侍者アーナンダは教えを一番たくさん聞いていたことから多聞第一《たもんだいいち》と呼ばれ、「経」の編纂に貢献しました。

戒律を守る修行に打ち込んだウパーリは持律第一《じりつだいいち》と呼ばれ、お釈迦様の定めた規則、すなわち「律」の整理に寄与しました。そして教えの内容は理論的に体系化され「論」が蓄積されていきます。

こうして、「経」「律」「論」の「三蔵」が成立しました。「三蔵」の成立に伴い、お釈迦様の教えは仏教として発展していきます。やがて、第一結集に続いて、第二結集が開かれます。第二結集の動きは、その後の仏教の流れにつながっていきます。

十一　第二結集

サンガの誕生

「経」「律」「論」の「三蔵」がまとまり、仏教教団の基盤が確立。お釈迦様入滅時に数千人と言われた弟子の数も増え続け、サンガが誕生しました。

サンガとは「集まり」というような意味のサンスクリット語。中国では僧伽《そうぎゃ》と表記。ここから最初の文字をとって「僧」という言葉も定着しました。

お釈迦様入滅は紀元前三八三年。サンガは発展を続けましたが、約百年後、再び大きな転機が訪れます。アショーカ王が登場するマウリヤ朝の時代です。

根本分裂と枝末分裂

百年もたてば社会も大きく変化。仏教教団の規則、すなわち「律」にも時代にそぐわない面が出てきました。

「律」には十本の柱があり「十事」と呼ばれていました。これらに関して、現実的な改革を行うかどうかが争点となったのです。

例えば「金銭の布施は受けてはならない」という「律」。貨幣経済が発展したために、修行僧が出家遊行するにしても、渡し船に乗る時など、折々に多少の現金を持ち合わせていないと不便なこともあるという具合です。

そこで、ヴァッジ国のヴァイシャーリーで第二結集が開かれました。

第二結集では、「律」を緩和したい改革派と、「律」の維持強化を主張する保守派が対立。改革派は貨幣経済が発達した商業都市の多い北インドが中心。一方、保守派はインド中部や南インドが中心。インド中南部はバラモン教やジャイナ教の勢力が強く、「律」を強化することで仏教教団の結束を固めたいという背景もあったようです。

第二結集では保守派の主張が通り、それを不服とする改革派は大衆部《だいしゅぶ》を結成。一方、保守派は上座部《じょうざぶ》を名乗り、ここに仏教教団は根本分裂《こんぽんぶんれつ》することになりました。その後の数百年の間にさらに分裂を繰り返し、大衆部は九、上座部は十二に分かれます。これを枝末分裂《しまつぶんれつ》と言います。

「全ては移ろいゆく」というのがお釈迦様の教え。諸行無常の摂理に従い、それぞれが仏法を追求していったと考えるべきでしょう。以後数百年間は部派仏教の時代となりました。

八大聖地

仏舎利塔やお釈迦様ゆかりの地は聖地として信仰の対象となりました。

生誕地ルンビニー、成道地ブッダガヤー、初転法輪地サールナート、涅槃地クシナガラが四大聖地。これに、霊鷲山《りょうじゅせん》のあるラージャグリハ、模範的都市としてお釈迦様が一日置いたヴァイシャーリー、祇園精舎の所在地シュラーヴァスティ、降臨伝説のあるサンカーシャを加えると八大聖地です。

その後、インドではヒンズー教やイスラム教が台頭し、十三世紀

（図2）インド八大聖地

頃には仏教が姿を消していきました。今日《こんにち》のインドにおける仏教徒は国民の一％未満となっています。

さて、こうして多様な発展の道を歩み始めた仏教ですが、お釈迦様の教えの本質は何だったのでしょうか。

十二　四諦八正道《したいはっしょうどう》

八万四千の法門と中道

二十九歳で出家して八十歳で入滅したお釈迦様。人はなぜ生老病死《しょうろうびょうし》に苦しむのか、人とは何なのか、そして如何に生きるべきか。お釈迦様の人生はそれを追求する旅路でした。

仏教は来世のことを教える道標のようにも思えますが、本来は現世の生き方の指針です。そして、来世に旅立った先祖と向き合うことで自分自身の生き方を省みます。

八万四千の法門とも言われるお釈迦様の教え。ひとり一人の個性に合わせた非常にたくさんの教えがあることを意味しています。

お釈迦様が最初に覚ったのは中道。快楽に満ちた生活、身を削る苦行、いずれからも安寧は得られず、極端な生き方は無益であると教えています。

四諦八正道と四苦八苦

ではどのような生き方をすればよいのでしょうか。その指針のひとつが四諦八正道《したいはっしょうどう》と言われています。

苦諦《くたい》はこの世には必ず苦があること、集諦《じったい》は苦には必ず原因があること、滅諦《めったい》は原因を滅すれば苦も滅すること、道諦《どうたい》は苦を滅する方法を示しています。「諦」という漢字は「あきらめる」という意味ではなく「明らかにする」という含意です。

苦を滅する方法が八正道。正しい生き方に近づくための姿勢を諭す、正見《しょうけん》、正思惟《しょうしゆい》、正語《しょうご》、正業《しょうごう》、正命《しょうみょう》、正精進《しょうしょうじん》、正念《しょうねん》、正定《しょうじょう》の八つです。

ちなみに、苦は生老病死の四苦に加え、愛別離苦《あいべつりく》（愛する人との別れ）、怨憎会苦《おんぞうえく》（会いたくない人との遭遇）、求不得苦《ぐふとくく》（欲しいものが得られない）、五蘊盛苦《ごうんじょうく》（満たせない欲望）を加えて四苦八苦と言います。

因縁と四法印《しほういん》

重要な教えのひとつに因縁があります。あらゆる出来事は結果を招く因と、それと関連する様々な縁によって生み出されるという因縁生起《いんねんしょうき》の考え方です。

また、四法印《しほういん》という教えも身にしみます。諸行無常《しょぎょうむじょう》は、全てのことは変化していくことを意味し、物事にこだわらない心の持ちようを諭しています。

諸法無我《しょほうむが》は、全てのことには諸法や因縁で結ばれており、自分と関係がない事象、自分の思うようになることは、何ひとつないことを教えています。ひとりよがりの考え方や言動は、思わぬところでさまざまな影響を及ぼすことでしょう。

涅槃寂静《ねはんじゃくじょう》は、迷いのない生き方をすれば、平穏で安定した状態となれることを教えています。

そして、迷いのない心になるためには、諸行無常と諸法無我を覚る必要があります。

そして、そもそも生きるとは一切皆苦《いっさいかいく》。世の中のことは基本的には苦であり、それを前提にして心を磨かなければならないことを諭しています。

諸行無常、諸法無我、涅槃寂静、一切皆苦をあわせて四法印と言います。

仏教伝来

青年王子の生きることに対する深い悩みから誕生した仏教の教え。やがて、ルーツであるインドから周辺地域に伝わっていきます。

次章は、スリランカ、東南アジア、チベット、中国、朝鮮、そして日本へと伝わっていった仏教伝来の歴史を旅します。

第二章　仏教伝来

お釈迦様の教えから誕生した仏教。多くの弟子や信者を通して語り継がれ、やがて、インド北部から各地に伝わっていきます。

一　アショーカ王

第一結集と第二結集

紀元前四六三年に誕生したお釈迦様。八十歳の紀元前三八三年に入滅しました。入滅直後に五百人の阿羅漢（高弟）が集まって開いた第一結集《けつじゅう》。教えの継承の始まりです。その約百年後に開かれた第二結集。戒律の解釈を巡って大衆部《だいしゅぶ》と上座部《じょうざぶ》に根本分裂。前者は衆生（人々）を救うための大乗仏教に発展。インドから北に伝わったために北伝仏教と呼ばれました。

一方、後者は僧（修行者）が自ら覚るための上座部（小乗）仏教のルーツ。南に伝わって南伝仏教となります。その後、仏教は多くの部派に枝末分裂《しまつぶんれつ》し、部派仏教の時代となりました。

仏伝文学

仏教がインド全土に広まるのは紀元前二六八年に即位したマウリヤ朝のアショーカ王のおかげと言えます。

アショーカ王はインド統一の過程で体験した悲惨な戦争への反省から仏教に傾倒。信仰の対象となっていた仏舎利（お釈迦様の遺骨）を八万四千の仏塔（ストゥーパ）に祀り直し、仏教はインド全土に広がりました。

仏塔を参拝する信者はお釈迦様のことを知りたいと思ったことでしょう。しかし、僧は仏教の難しい教義（アビダルマ）などの修得に没頭していたため、お釈迦様の生い立ちなどのエピソードは仏塔守（言わば在家信者）が口伝で語り継ぎました。その中で、お釈迦様は徐々に神格化、超人化され、仏伝《ぶつでん》文学と言われる物語に発展していきます。

インドではもともと輪廻転生《りんねてんしょう》という考え方が普及していました。仏伝文学の中では、スメーダというバラモン（司祭）階級の青年が「遠い未来に覚りを開いて仏になる」との予言を授けられ、何回も輪廻転生したのちに兜率天《とそってん》となります。

兜率天としての生を終える時、六本の牙を持つ白象となってお釈迦様の生母であるマーヤー夫《ぶ》人《にん》の胎内に宿りました。

ジャータカ物語

お釈迦様を巡る仏伝はインドの民話や伝説の主人公と混然一体となり、やがてお釈迦様の前世の物語であるジャータカ物語が誕生します。日本では、本生譚《ほんじょうたん》、本生話《ほんじょうわ》と言われています。お釈迦様の前世である国王が、鷲《わし》に狙われた鳩を救うために自分の体の肉を差し出すといった説話の類です。

仏教が世界各地に伝わる過程で、ジャータカ物語は各地の民話等に影響を与えていきました。

例えば、イソップ物語やアラビアンナイト。日本でも、今昔《こんじゃく》物語や宇治拾遺《うじしゅうい》物語が影響を受けていると言われています。

いずれにしても、仏教が広がっていく中で、お釈迦様はさらに神格化、超人化されていきます。裕福な王侯貴族に保護されて、僧院にこもって教義を勉強していた僧たちの目指したのは上座部（南伝）仏教。それに対して、仏塔守（在家信者）を中心に拡がった大乗仏教。次は、上座部仏教と大乗仏教の違いと、インドでの仏教の顛末です。

二 上座部仏教と大乗仏教

上座部仏教と自利

インドでの仏教は、紀元前三世紀のアショーカ王時代に全土に普及。この頃のインドは経済発展期。王侯貴族や長者と呼ばれる大商人が隆盛を極めました。極端な教義に走らず、解脱《げだつ》、中道、平和を説く上座部仏教は、そうした上流階級に庇護されました。

僧たちは精舎（僧院）にこもり、アビダルマという仏教理論の構築に没頭。修行僧が目指したのは自らの解脱。煩悩を断って阿羅漢《あらかん》になることを目的としていました。

上座部仏教の僧たちのように、自己の覚りを求めることを自利《じり》と言います。

大乗仏教と利他

一方、他人を救済することを利他《りた》と言います。

お釈迦様は利他を求めたはずであるという考え方から生まれたのが大乗仏教。「大きな乗り物を用意してみんなで覚りの彼岸に渡る」という意味です。

大乗仏教の僧たちは、上座部仏教を「小さな乗り物で自分だけが覚りの彼岸に渡る」という意味を込めて小乗仏教と揶揄《やゆ》しました。

上座部仏教の自利、大乗仏教の利他。自利と利他は仏教の車の両輪です。

余談ですが、徳川家康の有名な旗印は上求菩提下化衆生《じょうぐぼだいげけしゅじょう》。上求菩提は自分の覚りを求める意味で自利、下化衆生は大衆を救うことで利他を意味します。

菩薩と仏性

自利と利他は相反する考え方ではありません。自利は利他の精神と実践があってこそ、初めて実現するという関係です。

覚りを求める人は菩薩《ぼさつ》と呼ばれます。自利と利他を理解して覚りを求める人は誰でも菩薩です。

誰もが覚りを得て仏になれるというのが大乗仏教の考え方です。そして、人だけでなく、万物全てが仏になれる可能性のことを仏性《ぶっしょう》と言います。

ここから、一切衆生悉有仏性《いっさいしゅじょうしつうぶっしょう》という大乗仏教特有の考え方が生まれました。

インド仏教の消滅

インドでの大乗仏教の歴史は三期に分けられます。初期は紀元前後から三世紀頃まで。この時期、般若経、華厳経、法華経、浄土三部経などの主要な経典が編纂されました。

中国や日本で龍樹《りゅうじゅ》と呼ばれる高僧ナーガールジュナが登場し、中期に入ります。約一世紀の期間です。

四世紀から八世紀頃までが後期。この間、中国から玄奘三蔵《げんじょうさんぞう》がインドに渡り、般若経などを持ち帰ります。また、のちに弘法大師に受け継がれる密教が誕生したのもこの時代です。

八世紀以降、仏教はヒンズー教と徐々に融合。その傾向に拍車をかけたのがイスラム勢力のインド侵入でした。十三世紀に登場したハルジー王は密教寺院を破壊し、僧を殺害。生き残った僧はネパールやチベットに逃げ、インド仏教は完全に姿を消しました。

インドからの仏教伝来

いよいよ仏教はインドから外国に渡ります。まずは、スリランカ、東南アジア、チベットに伝わった仏教の動きについてです。

三　南伝《なんでん》仏教

仏教伝来の三つのルート

インドで誕生した仏教は、三つのルートでアジア全域に広がっていきました。

第一は、南の海路を経て、スリランカや東南アジアに向かったルート。

第二は、ヒマラヤ山脈を越えて、ネパールやチベットに至るルート。

第三は、西北の陸路を経て、ヒンズークシ山脈やカラコルム山脈を越えて、シルクロード、中国に伝わったルートです。

はじめに、第一のルートを追ってみます。

マヒンダとサンガミッター

インドを統一したアショーカ王。仏教を広めるために周辺諸国に伝道師を派遣しました。

南の島国であるスリランカには、息子のマヒンダと娘のサンガミッターが渡り、上座部仏教を伝

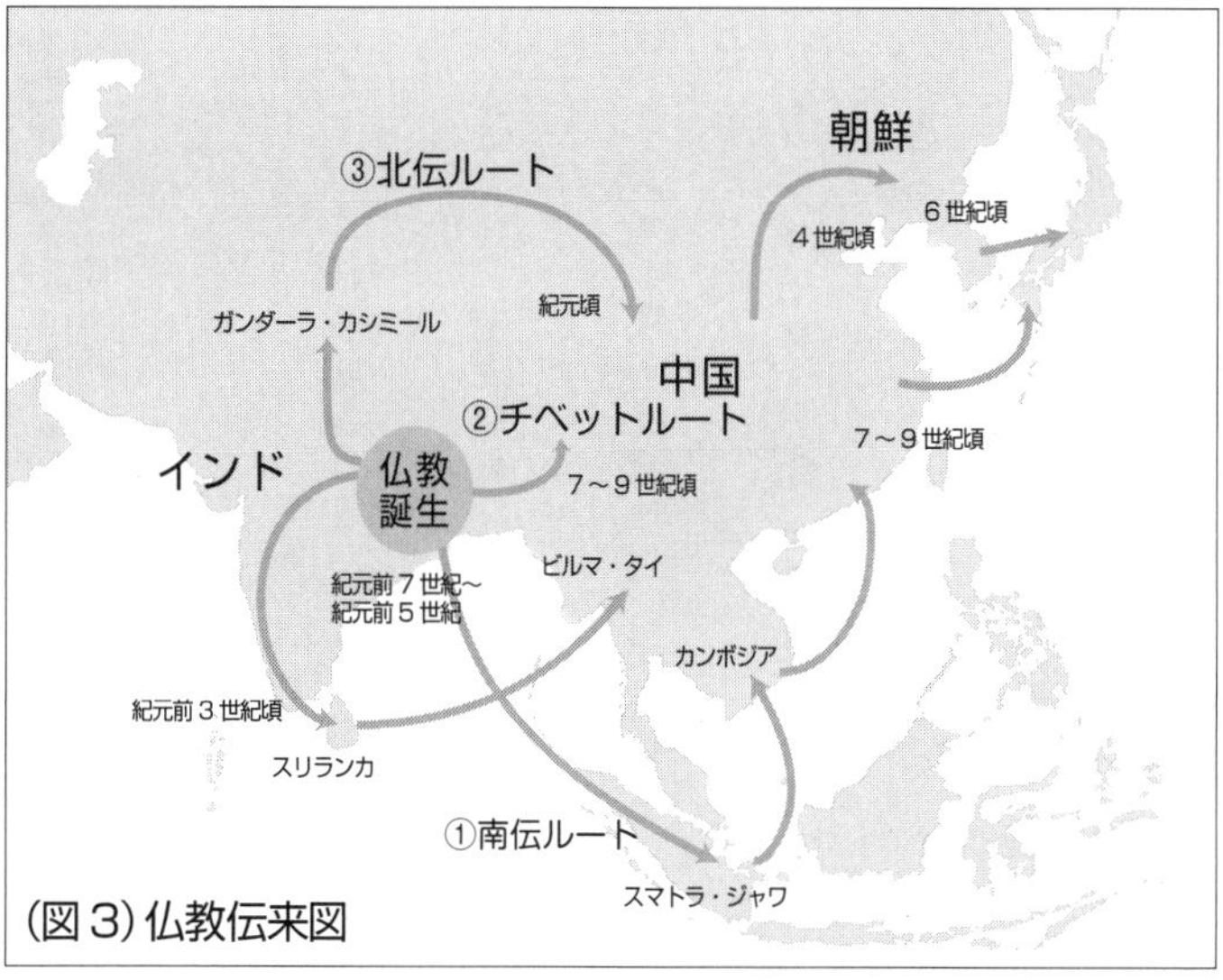

(図3) 仏教伝来図

えました。のちに南伝仏教と呼ばれます。

以後、仏教徒のシンハラ族とヒンズー教徒のタミル人の間で何世紀も対立が続き、今日に至っています。

東南アジアはシークロス

東南アジアにはスリランカ経由の上座部仏教だけでなく、中国沿海部ルートから大乗仏教も伝わりました。

紀元前二世紀頃より、南インドと中国沿海部の交易が始まり、中継地点の東南アジアには様々な文化や宗教が伝わりました。言わば、海の交差点（シークロス）です。

ミャンマーでは、上座部仏教だけでなく、大乗仏教、ヒンズー教が混交した信仰が普及。そうした中、九世紀のアノーヤター王が上座部仏教を国教と定めました。

六世紀に創建されたヤンゴン（ラングーン）のシュエダゴンパゴダ（仏塔）にはお釈迦様の髪が祀られていると言われています。

アンコールワット

カンボジアのルーツのクメール朝は、ヒンズー教と大乗仏教の混交信仰。九世紀のインドラ・ヴァルマン一世の時に首都アンコールトムの建設が始まり、都の南に建てられたのがアンコールワット。ヒンズー教の神々、大乗仏教の菩薩が入り交じって祀られています。

十四世紀になるとタイのアユタヤ朝が侵入。一四三二年、クメール朝はついにアンコールトムを放棄して滅亡。これを契機に、タイから上座部仏教が伝わりました。

そのタイに上座部仏教が伝わったのは十一世紀であり、スコタイ朝のラームカムヘン王が国教としました。

ボロブドールの仏塔

インドネシアでは、紀元前後からジャワ島、スマトラ島を中心に仏教が普及。ヒンズージャワ文化と言われるほどヒンズー教の影響が強く、その代表がボロブドールの仏塔。

都には千人以上の僧が修行する寺院もあり、中国とインドを往来した義浄《ぎじょう》が途中で滞在。南《なん》海寄帰内法伝《かいききないほうでん》という本を著しました。十四世紀になると、ジャワ島にイスラム教が台頭。仏教徒はバリ島に逃れ、バリヒンズー文化に進化しました。

次は、第二のルートです。とりわけ、チベットでは仏教がラマ教と呼ばれるようになります。

四　ラマ教

ソンツェンガンポ王

仏教伝来の第二ルートは、インドからネパールに向かいました。

七世紀、ネパールの北に位置するチベットに有能なソンツェンガンポ王が登場して国が繁栄しました。

ソンツェンガンポ王は、南はネパール、東は中国にまで侵攻。ネパールはブリクチという女性を、中国は文成公主《ぶんせいこうしゅ》という女性を和睦《わぼく》のために妃として王に嫁がせました。

ブリクチも文成公主も熱心な仏教徒。ふたりが嫁いだのを契機にチベットにインド系（ネパール系）と中国系のふたつの仏教が伝わりました。

ボン教とラマ教

チベットにもともとあった民族宗教はボン教。日本で言えば神道のようなものです。

仏教伝来後もボン教の信仰は続いたことから、チベットでは、インド系仏教、中国系仏教、ボン教が混交して独特の仏教を形成しました。チベットでは僧のことをラマと言うことから、チベット仏教はラマ教と呼ばれるようになりました。

前伝期と後伝期

八世紀になると、インドからシャーンタラクシタという高僧が招かれ、仏教が国教となりました。

ところが八四一年、当時のレパチェン王がボン教徒である弟のランダルマに殺され、王位を奪われます。

ランダルマは、仏像や寺院を壊し、僧を殺し、徹底的に仏教を弾圧。しかし、五年後にはランダルマも仏教徒に暗殺されて王朝は滅亡、仏教も乱れました。

チベット仏教は、そのランダルマまでの時代を前伝期と呼びます。

十一世紀になると、再びインドからアティーシャという高僧が招かれ、仏教改革に取り組みます。以後の仏教復興の時代が後伝期です。

チンギスハーンとダライラマ

十三世紀、北の隣国モンゴルにチンギスハーン（太祖）が登場。東西に大遠征を行い、フビライハーン（世祖）の時代に元《げん》という大帝国が誕生しました。

チベットも元に従いましたが、チベット仏教僧パスパがフビライに仏教を教示。感動したフビライはパスパを国師として迎え、仏教の統括権を与えます。パスパの母国チベットも独立国として命脈を保ちます。

十四世紀、高僧ツォンカパが現れ、チベット仏教をさらに発展させました。ツォンカパには子供がなく、輪廻転生《りんねてんしょう》で他人に生まれ変わると信じられました。

元のアルタンハーンは、ツォンカパの生まれ変わりソナムギャツォにダライラマという称号を与えました。ダライは「大いなる海」、ラマは「師」という意味です。

第五代ダライラマのガワンロサンギャツォの時、元のグシハーンからチベットの統治権が与えられ、以後、チベットは歴代のダライラマに委ねられました。

一六四八年、首都ラサにポタラ宮が完成。ポタラは観音様の浄土という意味。チベットの人々は、自国を観音様の浄土、ダライラマを観音様の化身と信じています。

現在のダライラマは第十四代のテンジンギャツォ。中国のチベット侵攻によって一九五九年にインドに亡命。今日に至っています。

その間の事情は、ブラッドピット主演の映画「セブンイヤーズ・イン・チベット」に描かれています。

南伝仏教、チベット仏教の次は北伝仏教。インドから北西のシルクロード、そして中国に伝わった第三のルートです。

五　北伝仏教

世界四大文明

世界四大文明と言えば、メソポタミア、エジプト、インダス、黄河。これに、アメリカ大陸のメソアメリカ（後のマヤ）、アンデス（後のインカ）を加えて六大文明と呼ぶこともあります。

インドから中国に伝わった仏教。インダス文明と黄河文明の架け橋とも言えます。

中国の歴史は古く、紀元前二千年頃には早くも夏《か》という国が誕生。その後、殷《いん》、周《しゅう》を経て、晋《しん》を中心とした春秋時代、韓《かん》・魏《ぎ》・趙《ちょう》が争った戦国時代、そして紀元前二二一年の秦の始皇帝による中国統一に至ります。

秦はわずか十年余りで衰退し、その後を争ったのが有名な項羽《こうう》と劉邦《りゅうほう》。勝った劉邦によって紀元前二〇六年に建国されたのが前漢。都は長安です。

中国への仏教伝来はこの前漢時代から始まります。

武帝《ぶてい》と張騫《ちょうけん》

前漢の全盛期は第七代武帝（紀元前一四一年〜同八七年）の時代。この頃、前漢は西から侵入する遊牧民族の匈奴《きょうど》に悩まされていました。

匈奴のさらに西域に月氏《げっし》という国があることを知った武帝。月氏と同盟を結んで匈奴を挟み撃ちにすることを考えました。

そこで臣下の張騫《ちょうけん》に月氏に行くことを命令。匈奴の支配地域を通らないと月氏には行けないことから命がけの使命です。

案の定、張騫は匈奴に捕まり、十年間の捕虜生活。その後、匈奴から逃げ出し、シルクロードを通って西域の月氏にようやく到着。しかし、同盟締結には失敗し、張騫は失意のうちに帰国します。

その張騫が武帝に「天竺（インド）に仏法あり」と報告。月氏はインドの北西に位置していたことから、仏教が伝わっていたようです。

また、張騫は「西域に汗血馬《かんけつば》あり」とも報告。背丈が高く、屈強な汗血馬。武帝は強力な騎馬軍団をつくるために汗血馬を欲し、その後、何度も西域に遠征。このことが西域と中国の交流を深め、中国への仏教伝来につながっていきました。

摂摩騰《しょうまとう》と竺法蘭《じくほうらん》

前漢が滅び、西暦（紀元）二五年、後漢が誕生します。

第二代明帝（西暦五七年〜七五年）は仏の夢を見たことから、臣下を西域に派遣して僧を招き入れました。それが摂摩騰です。別名迦葉《かしょう》摩騰とも言われます。

摂摩騰は四十二章経を中国語に翻訳し、初めて正式に仏教を伝えたと言われています。

明《みん》帝の時代に、もうひとりの僧がやってきます。竺法蘭です。竺法蘭の話にもとづいて、明帝は仏画を描かせました。

後漢の都は洛陽《らくよう》。中国最古の白馬寺というお寺があります。摂摩騰と竺法蘭が洛陽にやってきた時に白馬に乗ってきたことに由来します。白馬寺の山門には今でも摂摩騰と竺法蘭のお墓が現存しています。

こうして中国には一世紀頃に仏教が伝来。日本に仏教が伝わる約四百年前です。

その後、多くの西域僧が中国に入り、インドの経典を中国語に翻訳。こうした僧たちを訳経《やっきょう》僧《そう》と言います。次は、訳経僧の活躍と三国時代の仏教をお伝えします。

六　三国時代の仏教

経典・戒律・伝記

中国に仏教が本格的に伝わったのは一世紀頃の後漢の時代。日本に仏教が伝来する約四百年前です。

しかし、サンスクリット語やパーリ語で書かれた経典を中国の人は読めません。

そこで活躍したのが、中国とインドの中継地点である西域や中継路であるシルクロードの僧たち。彼らはインドの言葉と中国語に精通し、多くの経典を翻訳したことから訳経僧と言われています。

初めてまとまった経典を翻訳したのは二世紀半ばの安世高《あんせいこう》。もともとは西域の安息国《あんそくこく》の王子でしたが、王位を弟に譲って出家。安世高は三十四経典を訳したそうです。

やはり西域の月氏国出身の支婁迦讖《しるかせん》。道行般若経《どうぎょうはんにゃきょう》を翻訳しました。道行般若経の「空《くう》」という概念が、中国古来の「無」という考え方と結びつき、その後の中国の思想に大きな影響を与えました。

二世紀後半になると安玄《あんげん》という訳経僧が渡来。やはり安息国の出身です。安玄は僧が戒律を守ることの大切さを広めるために、戒律に関する経典を翻訳しました。安玄と一緒に翻訳に当たった厳仏調《ごんぶっちょう》は、中国人で初めて正式に出家僧となった人物です。

三世紀になると、康居《こうきょ》という国から康孟詳《こうもうしょう》が渡来。康居は月氏国と安息国の北に位置する国です。康孟詳はお釈迦様の伝記的経典を翻訳。これによってお釈迦様の素顔や人生が伝わり、中国に仏教が拡がる契機となりました。

三国時代の訳経僧

後漢は西暦二二〇年に滅亡し、三国志で知られる魏《ぎ》・呉《ご》・蜀《しょく》による三国時代が到来。魏には曇《どん》柯迦羅《かから》、康僧鎧《こうそうがい》、曇帝《どんてい》といった訳経僧が渡来し、戒律関係の経典を精力的に翻訳しました。

中国から西域に渡ったのは朱子行《しゅしこう》。放光般若経《ほうこうはんにゃきょう》を入手して弟子の不如檀《ふにょだん》に持ち帰らせて翻訳。朱子行は西域で命を落としましたが、朱子行のおかげで「空」の概念が中国で一段と広がりました。

呉で活躍した訳経僧は支謙《しけん》。前述の支婁迦讖《しるかせん》の孫弟子ですが、六カ国語に精通し、般若経を中心に四十九経典を訳しました。

支謙は仏教音楽の梵唄《ぼんばい》の教科書も執筆。「梵」はサンスクリット語のことですから、梵唄はサンスクリット語の賛歌という意味。日本では声明《しょうみょう》と言います。

三国時代の訳経僧の代表は竺法護《じくほうご》。支謙を上回る三十六カ国語に精通し、百四十九経典を翻訳。

大半が大乗経典でした。

竺法護の晩年には、中国が三国時代から晋の時代に入ります。

晋は西暦二六五年から四二〇年の国。儒教、道教、仏教に基づく中国思想が確立していった時代です。竹林《ちくりん》の七賢《しちけん》と言われる賢人をはじめ、多くの思想家や僧が活躍しました。

ちなみに、のちに日本で弘法大師が著す三教指帰《さんごうしいき》の「三教」とは、儒教、道教、仏教のことです。

七　仏教が根づいた魏《ぎ》晋《しん》南北朝時代

魏晋南北朝時代

前項で、後漢（西暦二五年〜二二〇年）の頃に仏教が伝わり、三国時代（二二〇年〜二八〇年）に訳経僧が活躍したことをお伝えしました。

三国とは魏《ぎ》・呉《ご》・蜀《しょく》。最も有力だったのが魏であり、やがて晋（西晋）という国に統一されます。

さらに晋は南北に分裂。五八九年に隋が中国を統一するまでが南北朝時代です。

三国、晋、南北朝を総称して魏晋南北朝時代（二二〇年〜五八九年）。中国の歴史で最も複雑な時代であり、仏教が中国に根づいた時代でもあります。民衆が戦乱を憎んで宗教にすがる傾向が強まったことも影響しています。

竹林の七賢

後漢滅亡を機に、知識層は伝統的な道教や儒教に代わる新しい思想として仏教に関心を高めました。

晋の時代、山中に住んで自由な論談を交わした七賢人（竹林《ちくりん》の七賢《しちけん》）たちが仏教の「空」の思想に着目し、中国古来の「無」の考え方と融合させました。「無」は老荘思想に代表される儒教の教えです。

仏教の教えを中国古来の思想でとらえ直すことを、のちに格義仏教と呼ぶようになります。

仏図澄《ぶっとちょう》・法顕《ほっけん》・鳩摩羅什《くまらじゅう》

晋の武帝は「後宮の美女一万」をはべらすような放蕩三昧《ほうとうざんまい》。これでは国は治まらず、晋は南北に分裂。華北（黄河流域）は、五つの異民族（五胡）が争って十六の国々が興亡する五胡十六国時代となります。

そのうちのひとつ、後趙《こうちょう》で活躍したのが西域の亀茲《きじ》国出身の仏図澄《ぶっとちょう》。暴虐な王であった初代石勒《せきろく》、二代石虎《せきこ》は仏図澄の教えに従い、見違えるような名君に成長。千近い寺院を建立しました。

仏図澄の一番弟子は、般若経の注釈書を書いた道安《どうあん》。中国仏教は経典の翻訳から解釈の時代に移っていきました。

道安の弟子が浄土教を開いた慧遠《えおん》。仏図澄、道安、慧遠の三人が初期中国仏教を支えました。

後趙に続く前秦時代に登場したのが法顕《ほっけん》。最古のインド旅行記として知られる仏国記（法顕伝）をまとめました。

同じ頃、亀茲国から中国に無理やり連れてこられたのが鳩摩羅《くまら》什《じゅう》。俊英な名僧として知られ、その後の中国仏教を方向づけました。

菩提達磨・真諦

一方、異民族（五胡）から逃れた漢民族は江南（揚子江流域）に移住。南朝は安定した貴族社会となり、仏教は政治的に保護されました。

とくに梁《りょう》の武帝の時代に仏教が発展。インドから菩提達磨《ぼだいだるま》（達磨大師）が来朝し、禅宗を開きました。

真諦《しんだい》も武帝に招かれて来朝。鳩摩羅什、玄奘《げんじょう》、不空《ふくう》とともに、四大訳経家として知られています。

時代は隋唐時代に移っていきます。隋は五八一年～六一八年、続く唐は六一八年～九〇七年の国。中国仏教が発展したのが隋唐時代です。

(図4) 中国史（一）

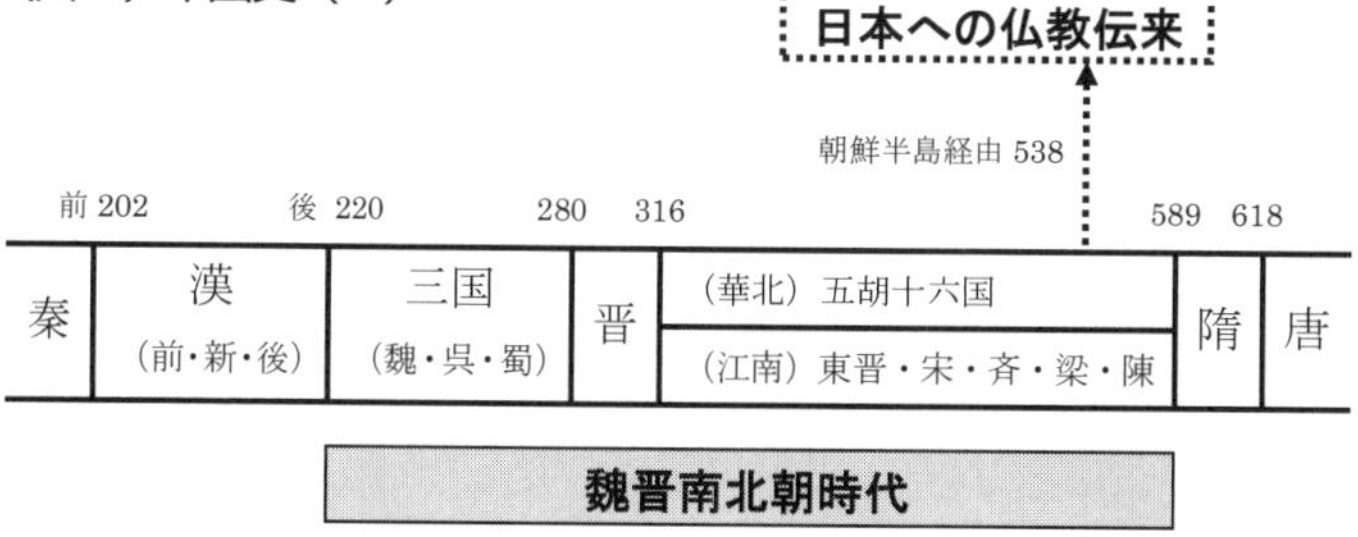

八　仏教全盛期の隋唐時代

仏身常住《ぶっしんじょうじゅう》と悉有仏性《しつうぶっしょう》

前項では、魏晋南北朝時代(二二〇年~五八九年)に仏教が中国に根づいたことをお伝えしました。

北朝(華北)の北涼《ほくりょう》時代に西域から涅槃経《ねはんぎょう》が伝わり、仏は永遠に存在して衆生を導くという仏身常住《ぶっしんじょうじゅう》、あらゆるものに仏になる可能性が宿るという悉有仏性《しつうぶっしょう》の考え方が伝わりました。

続く北魏《ほくぎ》時代、道教の影響を受けた太武帝が仏教を弾圧。僧を殺し、経典を焼き、仏像や寺を破壊し尽くしました。

太武帝が亡くなると今度は仏教復興運動が起こります。仏教者は破壊されない仏像を求めて雲《うん》崗石窟《こうせっくつ》をつくりました。

隋の文帝(楊堅《ようけん》)

北魏はやがて東の北斉と西の北周に分裂。北周の武帝は再び仏教を弾圧。武帝の息子宣帝《せんてい》は楊堅《ようけん》の娘を妃とします。宣帝の息子静帝《せいてい》は仏教復興を宣言。仏教再生はここから本格化します。

静帝が亡くなると、母親の父、つまり祖父である楊堅が文帝として即位し、五八一年、隋を建国しました。五八九年、文帝は南朝の陳《ちん》を併合し、中国を統一しました。

隋は六一八年までの短命国でしたが、文帝と五人の子供たちは熱心な仏教徒となって仏教を保護します。その結果、隋の時代に二十三万人が僧になり、三千七百九十二寺が建立されました。

天台大師智顗《ちぎ》と法華経

南北朝末期から隋の時代に活躍したのが天台大師智顗。

智顗はお釈迦様が教化活動をした五十年間を五つの時期に分け、その間に説いた八つの経のうち法華経が最も優れているとする五時八経説を唱えました。

その教えは、のちに日本から中国に渡った伝教大師最澄に影響を与え、最澄は日本で天台宗を興します。

同じ頃、仏様の住む浄土（仏国土）に生まれ変わることを願う浄土信仰も広がりました。中でも、阿弥陀仏の住む極楽浄土信仰が庶民に浸透。凡夫は自力で救われることは無理なので、阿弥陀仏の力（他力）にすがるしかないとして南無阿弥陀仏を唱える口称念仏《くしょうねんぶつ》が庶民の心をつかみました。

玄奘《げんじょう》と義浄《ぎじょう》

六一八年、隋が滅びて唐が誕生。中国仏教は全盛期を迎え、朝鮮半島や日本にも影響を与えます。

この時代の最も有名な高僧が玄奘《げんじょう》。西遊記の三蔵法師のモデルです。

六二九年、玄奘はインドを目指して出国。サンスクリット語の経典六百五十七部を携え、六四五年に長安に帰りました。

唐の二代皇帝太宗《たいそう》は玄奘に旅行記を書くことを命じ、大唐西域記《だいとうさいいきき》がまとめられました。太宗を継いだ高宗の妃、則天武后《そくてんぶこう》の庇護の下、玄奘は大般若教六百巻の翻訳などの偉業をなして生涯を閉じます。

玄奘が陸路インドを目指したのに対し、同じ頃、海路インドに向かったのが義浄《ぎじょう》。義浄も多くの経典を持ち帰り、則天武后の庇護の下、南海寄帰内法伝《なんかいききないほうでん》という旅行記をまとめました。

玄奘や義浄は中国からインドに向かいましたが、逆にインドから中国にやってきて密教を伝えたのが不空《ふくう》や善無畏《ぜんむい》。やがて密教は、日本から来た弘法大師空海に引き継がれていきます。

九　唐代に確立した密教

善無畏《ぜんむい》と金剛智《こんごうち》

インドで誕生し、唐に伝わった密教。大日経《だいにちきょう》と金剛頂経《こんごうちょうきょう》というふたつの経典が基本です。

密教を広めるために西域から唐に渡った善無畏《ぜんむい》。もともとはインド中部オリッサの国王であった善無畏は、八十歳の時に長安に到着。玄宗皇帝《げんそうこうてい》に歓待され、弟子の一行《いちぎょう》とともに大日経を翻訳しました。

インドからスリランカ経由で海路唐に渡った金剛智《こんごうち》が翻訳したのは金剛頂経。弟子の不空《ふくう》に加え、善無畏の弟子の一行も手伝ったそうです。

不空は玄宗を継いだ粛宗《しゅくそう》、その次の代宗《だいそう》に師とあがめられ、密教は唐で盛えました。

恵果と空海

密教の世界観を絵で表現したのが曼荼羅《まんだら》です。大日経に基づいて真理の世界を表すのが胎蔵界《たいぞうかい》曼荼羅、金剛頂経に基づいて修行の世界を表すのが金剛界《こんごうかい》曼荼羅です。

不空の弟子が恵果《けいか》。善無畏の弟子玄超《げんちょう》にも師事したことで、胎蔵界、金剛界の教えが恵果の中で合流しました。

七四六年生まれの恵果は八〇六年に入滅。八〇五年に日本から唐に渡った空海が、最晩年の恵果に師事します。

恵果は千人を超える弟子を差し置いて、日本から来た新参者の空海を密教の後継者に指名します。その後、密教は空海によって日本で体系化されますが、恵果と空海の師弟関係はわずか半年。詳しくは第五章に記しますが、摩訶不思議な歴史の妙を感じます。

五代十国時代と宋

九〇七年、唐は後梁《こうりょう》の朱全忠《しゅぜんちゅう》に滅ぼされ、中国の統一は崩壊。

華北で五王朝、江南で十国が興亡を繰り返す五代十国時代となりました。この時代、華北では仏教が弾圧される一方、江南では仏教が大切にされ、仏教文化が花開きました。

やがて、華北後周の趙匡胤《ちょうきょういん》（太祖）が宋（北宋、のちに南宋）を建国。九六〇年、二代目太宗が中国を再統一します。趙匡胤、太宗は華北での仏教弾圧が民心を荒廃させていることを憂い、仏教復興に注力。中国に渡来するインド僧も再び増え、唐代以来途絶えていた訳経（経の翻訳）も復活しました。

九八三年、五千四十八巻の大蔵経《だいぞうきょう》が印刷されました。大蔵経とはあらゆる経を集大成した全集であり、別名一切経《いっさいきょう》。この時作られた大蔵経は、その後の仏教の普及に大いに役立ちます。

五代十国時代の初頭、華北より北の東北で契丹《きったん》族が遼《りょう》を建国。続いて、女真《じょしん》族が金《きん》を建国。金の南下によって、宋は都を華北の開封から江南の杭州《こうしゅう》に移転。開封時代を北宋、杭州時代を南宋と言います。

南宋は元に滅ぼされ、やがて僧出身の朱元璋《しゅげんしょう》が明を建国。朱

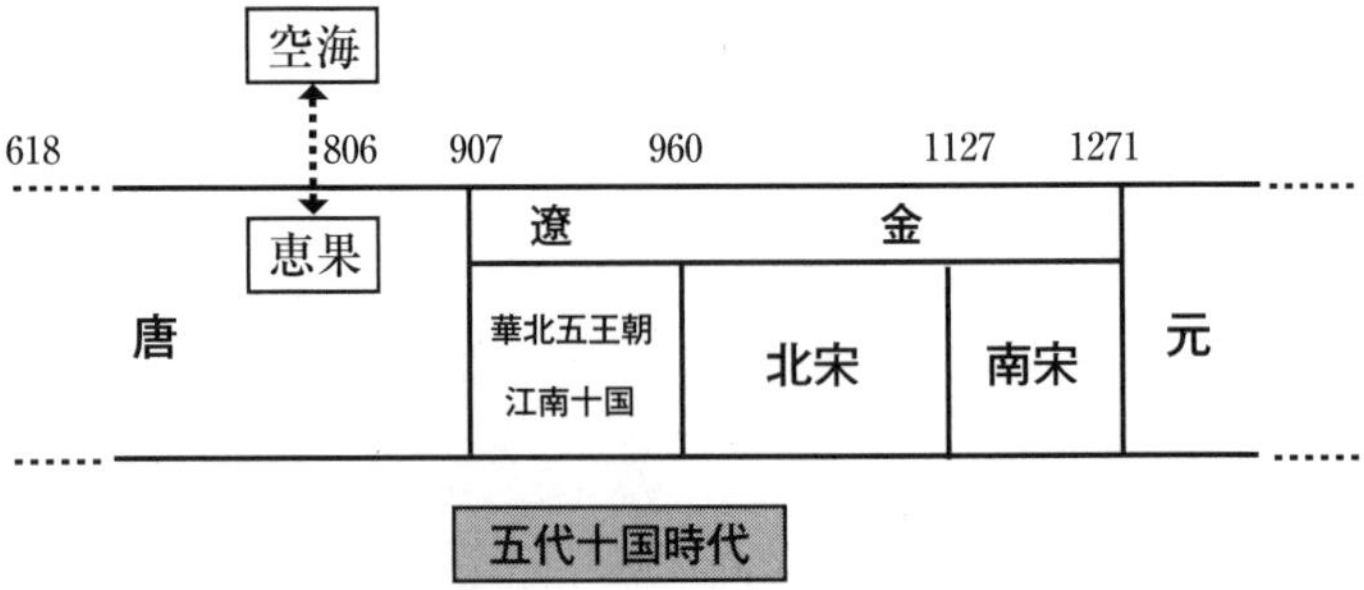

（図5）中国史（二）

元璋は禅寺・講寺・教寺制度を始め、寺院を統治機関として活用します。いよいよ中国仏教の最終局面。元・明・清の時代を迎えます。

十　元・明・清時代の仏教

フビライハーン

中国漢民族は常に北からの脅威に直面していました。遼《りょう》、金《きん》に続いて勢力を伸ばしたのは蒙古（モンゴル）です。

一二〇六年、太祖チンギスハーンがモンゴルを統一。五代目の世祖フビライハーンが南宋を滅ぼして中国を統一。一二七一年、国名を元《げん》に改めました。中国の歴史上、初めての異民族支配です。元はラマ教を国教としましたが、仏教、儒教、道教、イスラム教、キリスト教など、他の宗教も容認。

仏教においては、南方で臨済宗、北方で曹洞宗が拡がりました。臨済宗では海雲印簡《かいうんいんかん》、曹洞宗では万松《ばんしょう》行秀《ぎょうしゅう》などの名僧が活躍します。遼の王族であった耶律楚材《やりつそざい》は万松行秀に師事し、皇帝の政治顧問も務めました。

民間信仰とも結びつき、念仏結社の白蓮宗《びゃくれんしゅう》、儒教・道教との一致を唱える白雲宗《はくうんしゅう》なども庶民に支持されました。

明の庶民仏教

元の末期、天災や飢饉に見舞われ、世相が悪化する中で、紅巾賊《こうきんぞく》と呼ばれた白蓮教徒の反乱が起きます。その中のひとりが皇覚寺《こうかくじ》の僧、朱元璋《しゅげんしょう》。一三六八年、朱元璋は元を破って中国を統一。明《みん》の太祖となりました。

太祖は仏教を保護する一方で、寺を国の統治機関として活用しました。寺を、坐禅をする禅《ぜん》寺《じ》、経典を学ぶ講寺《こうじ》、法事を行う教寺《きょうじ》に分け、教寺以外は庶民と接することを禁じました。

そのため、庶民の間に葬式や法事の儀式が普及。明の仏教は庶民仏教となります。現世利益を求める傾向が強まるとともに、観音信仰、念仏会《ねんぶつえ》、放生会《ほうじょうえ》などの儀式も拡がり、中国人の仏教が確立した時代です。

清の居士《こじ》仏教

再び北で脅威が高まります。一六一六年、女真族《じょしん》のヌルハチが満州を統一。一六四四年、都を北京に移して清《しん》を建て、太祖となりました。元に続いて、二度目の異民族による中国支配です。

清は明の宗教政策を継承し、仏教や寺を庶民の管理統制に活用しました。

四代目の康熙帝《こうきてい》、六代目の乾隆帝《けんりゅうてい》は仏教を崇拝。しかし、乾隆帝は仏教を尊ぶ一方で、社会から隔離。仏教は在家信者による居士《こじ》仏教という独特のかたちに変わっていきます。

清の末期になると、アヘン戦争（一八四〇年）、太平天国の乱（一八五〇年）、日清戦争（一八九四年）などが勃発。寺の財産を没収して学校を建てる廟産興学《びょうさんこうがく》政策にも直面し、仏教は多難を極めます。

やがて、清が滅びて一九一二年に中華民国、一九四九年に中華人民共和国が誕生して今日に至っています。

朝鮮半島の仏教

時代は再び遡り、中国から朝鮮半島に仏教が伝来したのは三七二年。高句麗《こうくり》、新羅《しらぎ》、百済《くだら》に伝わった仏教はやがて日本に渡ります。次項は朝鮮半島の仏教についてです。

十一　広開土王《こうかいどおう》

衛氏《えいし》朝鮮から古代三国時代

紀元前二世紀、朝鮮半島を支配していた衛氏朝鮮は、中国前漢の武帝に滅ぼされます。

その後、北部で高句麗《こうくり》が誕生。南部には漢族の群立国家が興隆しま

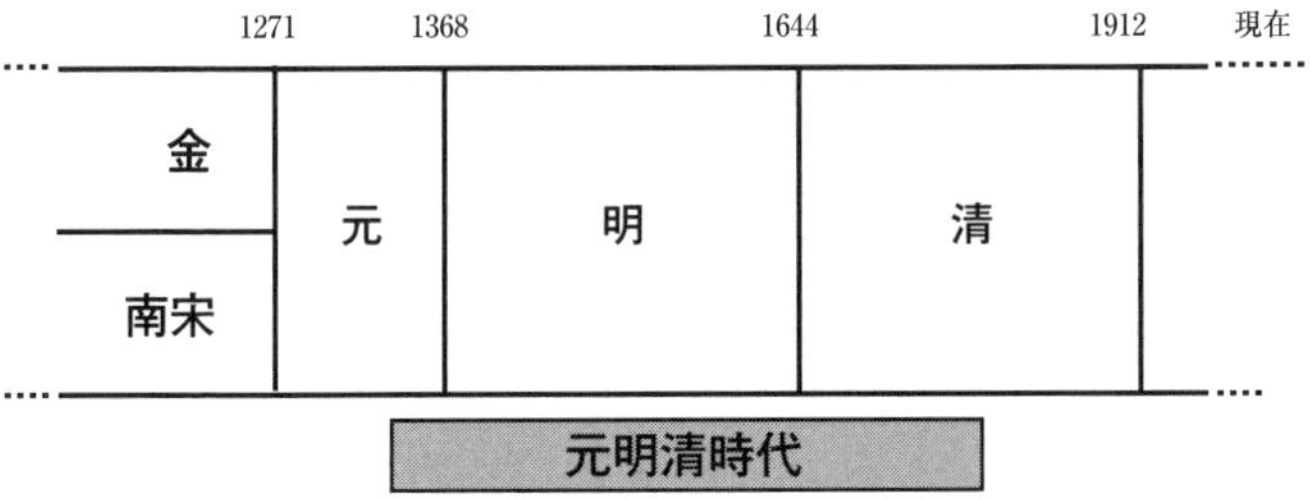

(図6) 中国史（三）

した。

やがて群立国家は馬韓、辰韓、弁韓の三つにまとまり、馬韓の中から百済《くだら》、辰韓の中から新羅《しらぎ》が誕生します。

朝鮮半島は高句麗、百済、新羅の古代三国時代に入りました。

広開土王《こうかいどおう》と聖明王《せいめいおう》

高句麗への仏教伝来は三七二年。中国前秦の僧、順道《じゅんどう》によって仏像や経典がもたらされました。三九四年、広開土王が九つの寺を建立。多くの高句麗僧が中国に行き、やがて日本にも渡りました。日本に最初に来た高句麗僧は慧便《えびん》。聖徳太子の師となったのは慧慈《えじ》です。

百済への仏教伝来の時期は明らかではありません。三八四年に中国東晋の僧、摩羅難陀《まらなんだ》の来朝記録があるため、それ以前には伝わっていたようです。

五三八年、百済の聖明王は日本に仏教や経典を贈りました。

その後は多くの百済僧が来日。日羅《にちら》は聖徳太子に教えを説き、豊国《ぶこく》は四天王寺の落慶法要《らっけいほうよう》の導師を務めます。観勒《かんろく》は日本で僧正に上りつめ、僧を管理する僧綱《そうごう》制度をつくりました。

護国仏教と花郎《かろう》集団

新羅への仏教伝来時期は明らかではありませんが、六世紀の法興王《ほうこうおう》による仏教公認、真興王《しんこうおう》による興輪寺建立を契機に、仏教が急速に普及しました。

真興王を継いだ真平王《しんぺいおう》の時代に護国仏教の考え方が浸透。その護国仏教を支えたのが花郎集団と呼ばれる貴族階級の子弟の集まりでした。

花郎集団は普段は親睦組織ですが、戦時には軍団となります。自分たちは弥勒菩薩の化身という信念を持ち、戦場で絶対に退かなかったと言います。

六七五年、仏教を国教化した新羅が朝鮮半島を統一。十世紀初頭まで続いた新羅時代に仏教が興隆しました。

高麗から李氏朝鮮

九一八年に建国された高麗《こうらい》は、九三六年に朝鮮半島を統一。北方民族の侵入防止に腐心した高麗時代。仏教は護国仏教の色彩をさらに強め、全盛期を迎えます。

十四世紀末になると、北方の女真族や日本の倭寇《わこう》を破った李成桂《りせいけい》が台頭。一三九二年に李氏朝鮮を建国。

李氏朝鮮では儒教が中心となり、仏教は弾圧されました。寺院は山の上だけに限られ、一般民衆の立入を禁止。僧が強制的に還俗《げんぞく》さ

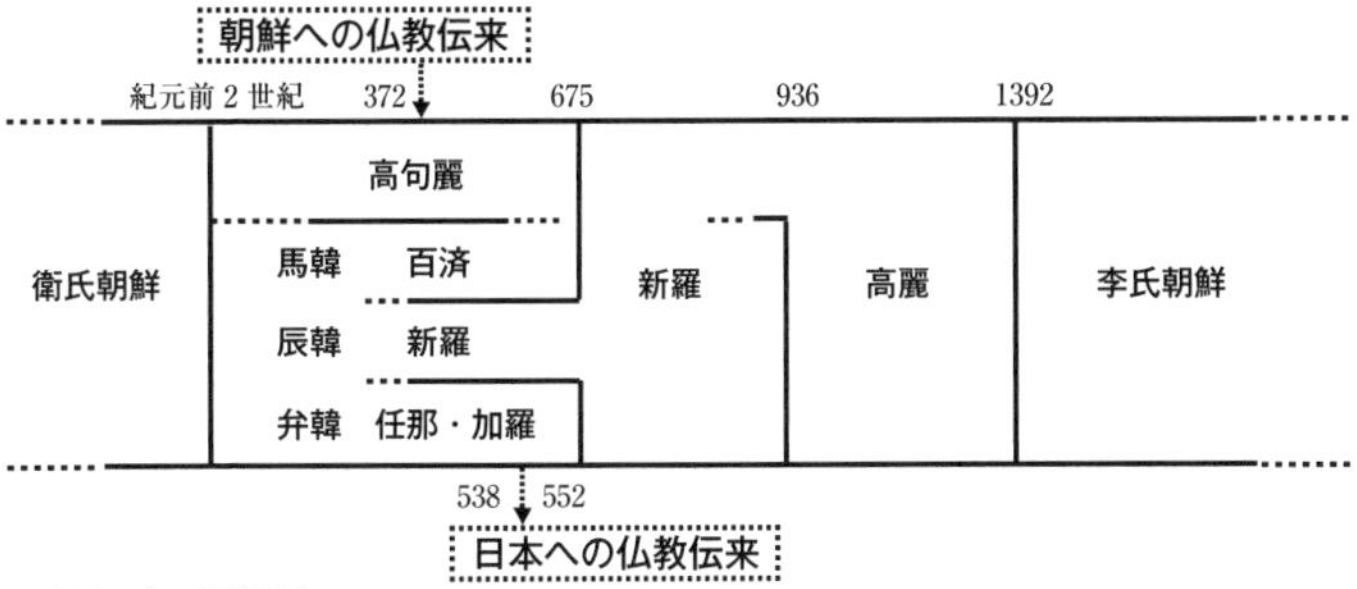

(図７) 朝鮮史

せられることもありました。

一九一〇年、李氏朝鮮は日本に併合（日韓併合）されます。第二次世界大戦後の一九四八年に韓国として独立。仏教も韓国仏教として再生を果たし、今日に至っています。

日本への仏教伝来

いよいよ日本への仏教伝来です。蘇我氏と物部氏の対立を経て、聖徳太子が仏教を中心とした国づくりを始めます。その後、大化の改新（六四五年）を経て、太子の思い描いた国づくりとともに、仏教も新たな段階に進みます。

十二 聖徳太子

聖明王

わが国最古の歴史書である日本書紀。その記述によれば、日本に仏教を正式に伝えたのは百済の聖明王《せいめいおう》です。五三八年、聖明王は国使を派遣し、仏像や経典を贈りました。

当時の朝鮮半島は高句麗、百済、新羅の三国時代。南部には倭国（日本）の影響下にあった任《み》那《ま》もありました。百済は高句麗、新羅への対抗上、倭国との関係強化を図り、当時の最新文化であった仏教を日本に伝えました。

朝鮮半島から倭国への渡来人は多く、既に倭国でも仏教は知られ始めていました。そうした中、五三八年に百済の聖明王が仏像などを贈った史実が、国家間で正式に伝わったという意味で仏教公伝《こうでん》と言われています。

なお、仏教公伝の時期については五五二年説もありますが、現在の通説は五三八年です。

崇仏派と排仏派

聖明王から贈られた仏像は、蕃神《あだしくにのかみ》、大唐神、他国神、仏神と呼ばれました。当時の国神は八百万神《やおよろずのかみ》。つまり、仏像は大陸から伝わった外国の神様です。

欽明天皇を支える二大重臣は大臣《おおおみ》の蘇我稲目《そがのいなめ》と大連《おおむらじ》の物部尾輿《もののべおこし》。国神祭祀を司る天皇が他国神を拝むわけにいかず、仏像と経典は蘇我稲目に下賜されました。

ここに仏教に寛容な崇仏派蘇我氏と、否定的な排仏派物部氏の対立がスタート。背景には、二大重臣による勢力争いも影響していました。

聖徳太子の十七カ条憲法

欽明天皇の後は、敏達《びだつ》天皇、用明天皇と続きます。五七二年、用明天皇の第二子として誕生したのが厩戸皇子《うまやどのおうじ》。のちの聖徳太子です。

五八七年、用明天皇は病を患い、快癒を祈願して三宝帰依《さんぽうきえ》。つまり、仏教に帰依しました。

用明天皇が亡くなると、崇仏派蘇我馬子と排仏派物部守屋が次期天皇の擁立を巡って対立。太子は馬子とともに守屋と戦い、五八八年、大叔父である崇峻《すしゅん》天皇を擁立。

ところが、崇峻天皇はわずか四年で馬子によって暗殺され、五九三年、今度は太子の伯母である推古天皇が即位。太子は摂政に任命されます。

乱世に翻弄された太子は、仏教に基づいた秩序ある治世を目指し、六〇四年、十七カ条憲法を制定しました。

世間虚仮《せけんこけ》、唯仏是真《ゆいぶつぜしん》

この間、仏教は徐々に浸透。五八八年、百済から仏舎利とともに大勢の僧、仏師、寺大工等が来朝します。

倭国初の出家者である善信尼《ぜんしんに》が百済から帰朝（五九〇年）、四天王寺完成（五九三年）、太子の師となる百済僧の慧慈《えじ》来朝（五九五年）、飛鳥寺（法興寺）完成（五九六年）と続きます。

六二二年二月二十一日、太子は四十九歳で亡くなりました。遺言は「世間虚仮、唯仏是真」。曰く「現世は虚飾であり、空しく、ただ仏の道だけが真実である」。

その後、大化《たいか》の改新《かいしん》（六四五年）を経て、仏教も新たな段階に進みます。

聖徳太子の生涯と日本仏教

日本への仏教伝来、日本での仏教の普及のうえで、聖徳太子が非常に重要な役割を担います。

次章は聖徳太子の生涯を通して、日本仏教のルーツを探ります。

第三章　古代日本史と聖徳太子の生涯

西暦538年、日本に公式に伝えられた仏教（仏教公伝）。しかし、すんなりと受け入れられたわけではありません。

仏教が日本でどのような経緯で受け入れられたのか。それを知るには、古代日本の成り立ちから理解する必要があります。

一　卑弥呼の時代

楽浪海中《らくろうかいちゅう》に倭人あり

第一章ではお釈迦様の生涯と仏教誕生の歴史、第二章では仏教が東南アジア、チベット、シルクロード、中国、朝鮮、日本へと伝わる仏教伝来をお伝えしました。

日本仏教の成り立ちを知るためには、国としての日本の歴史も知る必要があります。

日本が歴史に登場するのは紀元前後のこと。中国の歴史書「漢書」に「楽浪海中に倭人《わじん》あり、分かれて百余国をなす」という記述があります。

当時の東アジアに君臨していたのは中国の漢。南の南越王国を滅ぼして交趾《こうし》郡を置き、北は衛氏朝鮮を滅ぼして楽浪《らくろう》郡など四郡を置いていました。

つまり、朝鮮半島の楽浪郡の海の向こうに倭人の国がたくさんあるというのが漢書の記述です。

奴国《なこく》の帥升《すいしょう》

「漢書」に続く「後漢書」は「建武中元二年（五七年）、倭の奴国、貢を奉じて朝賀す」と記しています。中国に仏教が伝来した頃です。

倭《わ》とは、当時の中国から見た朝鮮半島の海の向こうにある地域（つまり日本）のこと。奴国《な》は倭にある国の名前。現在の福岡市周辺にあったようです。後漢書は、奴国が後漢に朝貢していたことを示しています。

続いて「安帝永初元年（一〇七年）、倭国王帥升《すいしょう》等、生口《せいこう》百六十人を献じ、請見を願う」と記述。帥升とは歴史に初めて登場する倭国王の名前。生口は捕虜や奴隷のことを指します。

この記述から、倭国やその中の小国（例えば奴国）が、朝鮮半島の楽浪郡や背後に君臨する漢王朝と密接な交流や、時には戦争があったことが推測できます。

卑弥呼と難升米《なしめ》

二世紀には中国の後漢が衰退し、朝鮮半島北部には高句麗、西海岸から南部には韓族（馬韓・辰韓・弁韓）の七十以上の国が誕生します。

二世紀末期、朝鮮半島の海の向こうの倭国でも変動が起き、魏志倭人伝《ぎしわじんでん》は次のように記しています。

（図8）古代東アジア勢力図（二〜三世紀頃）

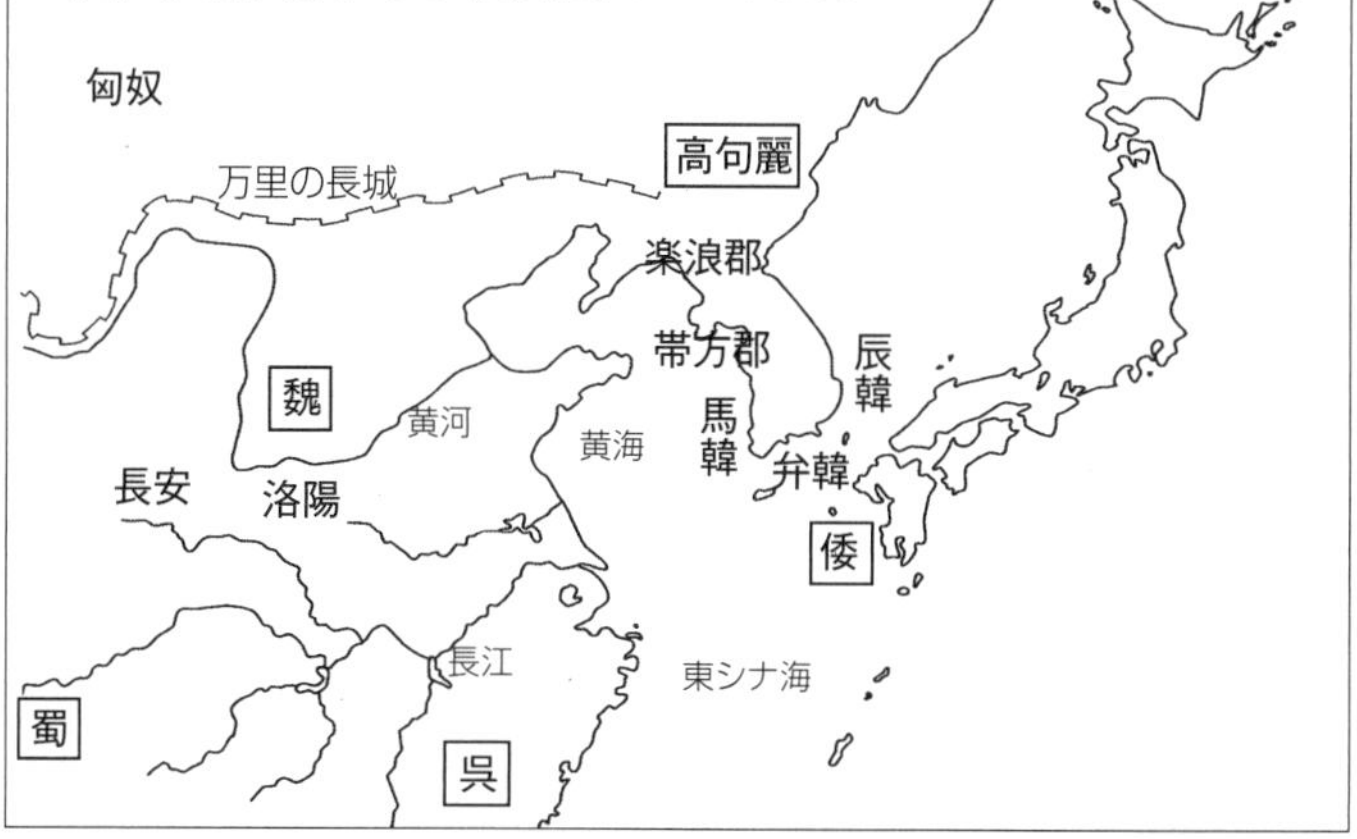

「男子を以て王となし、住《とど》まること七、八十年、倭国乱れ、相攻伐すること暦年、及《すなわ》ち一女子を共立して王となす、名は卑弥呼《ひみこ》という」。

男子は帥升と推測されます。つまり「帥升時代から数十年後、倭国に大乱があり、卑弥呼という女王を立てて統合を回復した」という意味です。

三世紀に入ると、後漢は朝鮮半島の楽浪郡の南に帯方郡を設け、韓と倭はその管轄下に置かれました。

二二〇年、後漢が滅び、中国は魏・呉・蜀の三国時代入り。

二三八年、卑弥呼は難升米《なしめ》を帯方郡に派遣し、魏王への謁見《えっけん》、朝貢を求めます。帯方郡の太守（長官）劉夏《りゅうか》は難升米を魏の都（洛陽）に送り、難升米は魏王から詔書を賜ります。魏志倭人伝には「親魏倭王卑弥呼に制詔す」と記されています。つまり、卑弥呼は親魏倭王に任じられ、倭を治める倭王に冊封（任命）されます。

一方、朝鮮半島の韓族の長が王より下位の邑君《ゆうくん》・邑長にしか任じられなかったのとは対照的です。

なぜ卑弥呼は韓族の長より厚遇されたのでしょうか。次項では、その意味を問うとともに、讃・珍・済・興・武の倭の五王時代をお伝えします。

二　倭の五王時代

遠交近攻

前項では、中国の魏から、卑弥呼が親魏倭王に冊封されたことをお伝えしました。同盟国として認められたという意味です。

一方、倭よりも地理的に魏に近い朝鮮半島の韓族の王には、魏の地方組織の地位しか与えられませんでした。国ではなく、郡のような立場です。

当時の中国は魏・呉・蜀の三国時代。魏の南方に呉があり、倭が魏から優遇された理由は呉への対抗策でした。

日本は暖流の影響で実際の緯度よりも暖かい気候であり、当時の人々は日本列島がかなり南方まで延びていると考えていたようです。

つまり、魏のライバルである呉の背後に倭があると考え、呉を挟み撃ちにする戦略です。遠交近攻は中国古来の兵法の鉄則。隣接する呉を牽制《けんせい》するため、倭を同盟国と位置付けました。

広開土王と朝鮮仏教

二四八年頃、卑弥呼が亡くなると倭では戦乱が拡大。同盟国の魏は張政《ちょうせい》を派遣し、卑弥呼の宗女《しゅうじょ》、壱与《いよ》（台与）を支援。倭の王権を支えました。

そののち、三〜四世紀にかけて、朝鮮半島の韓族（馬韓・辰韓・弁韓）から興《おこ》った百済、新羅、伽耶《かや》、大陸と半島の境界線に登場した高句麗、それに倭が加わった国々が攻防。総じて言えば、高句麗・新羅連合軍と百済・伽耶・倭連合軍の戦いです。

三九一年、高句麗に広開土王《こうかいどおう》が登場し、領域を拡大。前章で触れたとおり、広開土王の時代に仏教が朝鮮半島に本格的に拡がりました。

こうした中、倭は朝鮮半島での攻防を優位に展開するため、高句麗の背後の中国王朝（東晋、宋など）に朝貢。同盟関係をつくることに腐心します。

讃・珍・済・興・武

魏志倭人伝の記述以降、中国の史書に登場しなくなった倭王。しかし、五世紀の宋書に再び登場します。

四二一年、倭王の讃《さん》が宋の皇帝から安東将軍倭国王（東の地域の軍事責任者）に任命されたことを含め、倭の五王（讃・珍・済・興・武）が宋に朝貢、冊封されたという史実が記されています。梁書には弥《み》という倭王の名前も登場します。

これらの倭王がどの天皇を指しているかについては諸説あります。なお、天皇号は七世紀頃に定められた呼称であり、この頃は倭王です。

讃には応神（十五代）、仁徳（十六代）、履中《りちゅう》（十七代）天皇説があり、珍は反正《はんぜい》（十八代）、済は允恭《いんぎょう》（十九代）、興は安康《あんこう》（二十代）天皇と言われています。

通説が確立しているのが武。二十一代雄略《ゆうりゃく》天皇（四五六～四七九年）です。

四七八年、宋から「使持節都督、倭・新羅・任那・加羅・秦韓・慕韓六国諸軍事、安東将軍・倭国王」という長い名前の役職を受けました。

もっとも、当時の中国王朝の東アジア外交の優先順位は、一に高句麗、二に百済、倭はそののちという位置づけ。役職はあくまで表面的な対応です。

実利が得られないこともあり、倭の朝貢外交は四七八年をもって中断。

しかし、この時代に中国王朝や朝鮮半島各国を通じ、仏教が非公式に日本に伝わっていきました。

五三八年、百済の聖明王から日本に公式に仏教が

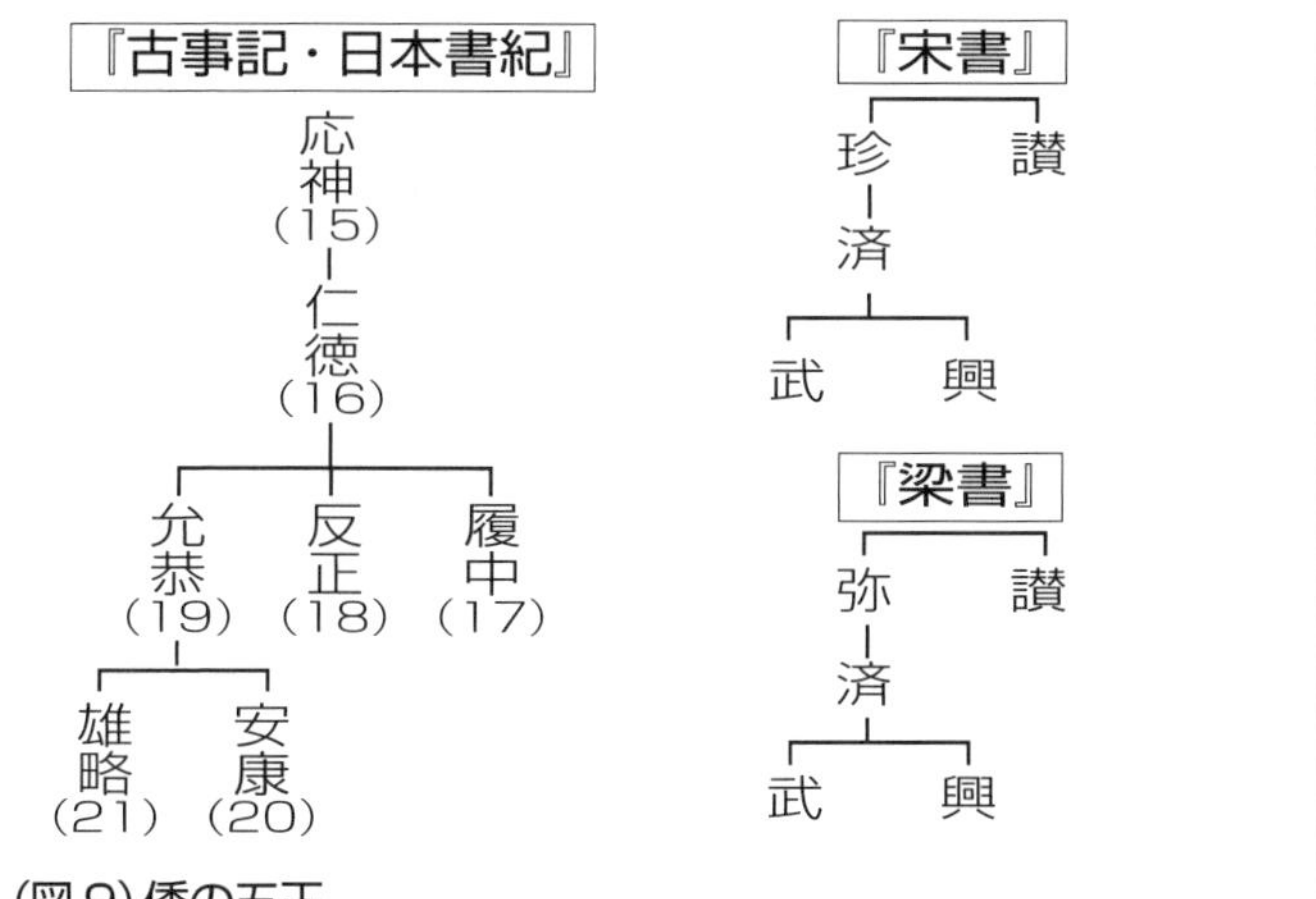

(図9) 倭の五王

伝えられます。次は、いよいよ日本への仏教伝来です。

三　仏教公伝

継体天皇

前項では、四七八年、二十一代雄略《ゆうりゃく》天皇が中国への朝貢外交に終止符を打ったことをお伝えしました。

この頃の倭国は大和朝廷が確立する時期。地方に有力な豪族が多く、中国や朝鮮のような中央集権的な律令国家にはなっていませんでした。

雄略天皇を継いだ二十二代清寧《せいねい》天皇には子がなく、雄略天皇の従兄弟の子が二十三代顕宗《けんぞう》天皇、二十四代仁賢《にんけん》天皇として即位。そして、二十五代武烈《ぶれつ》天皇は仁賢天皇の子。ここまでは十六代仁徳天皇の

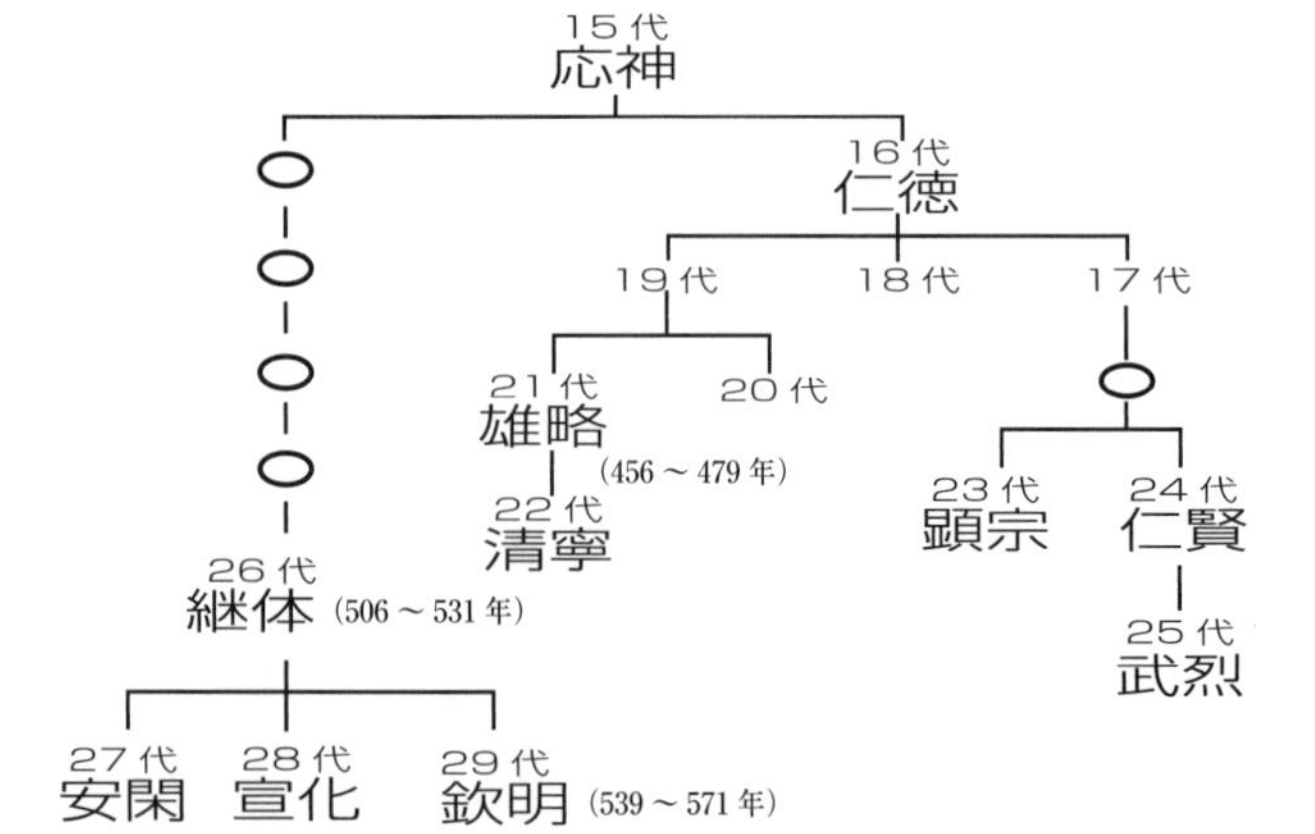

(図10)天皇系図(応神天皇～継体天皇)

血筋です。

しかし、武烈天皇にも子がなく、大和朝廷は皇統断絶を危惧。そこで、仁徳天皇の父に当たる十五代応神天皇の子孫（五世）、男大迹《おおど》を探し出しました。

越前で暮らしていた男大迹は、大伴金村の説得に応じて二十六代継体天皇（五〇六～五三一年）として即位。「継体」は皇統を継ぐという意味です。

磐井《いわい》の乱

当時の大和朝廷は、朝鮮半島で高句麗、新羅、百済、任那の争いに関わっていました。

五十八歳で即位した継体天皇。百済と同盟を結び、新羅への出兵を計画。

それを察知した新羅。九州北部の豪族、磐井《いわい》と結託し、朝鮮半島遠征のために九州にやってきた大和朝廷軍を立ち往生させます。

継体天皇は自ら出陣。一年半かけて磐井の乱（五二七年）を鎮圧しました。

各地の有力豪族、巨勢《こせ》、大伴、物部などが、継体天皇の武功と力に一目置くようになり、この時代に大和朝廷の支配が強化されました。

このように、当時の倭は朝鮮半島と密接に関係しており、基本的には高句麗・新羅連合軍と倭・百済・任那連合軍が対立する構図。

こうした交流の中で、朝鮮半島から非公式に仏教が伝搬しました。最も古い記録としては、平安時代の歴史書である扶桑略記に「唐人、仏像を持ち来たる」という記述が見られます。五二二年（継体十六年）のことです。

宣化《せんか》天皇と欽明《きんめい》天皇

継体天皇の没後、三人の子が皇位を継承。二十七代安閑《あんかん》天皇、二十八代宣化《せんか》天皇、二十九代欽《きん》明《めい》天皇です。

五三八年、百済の聖明王から日本に仏像（小金銅仏）・仏具・経典などが贈られ、仏教が公式に伝えられました。日本への仏教公伝です。

仏教公伝は五三八年説と五五二年説があります。前者は宣化天皇三年、後者は欽明天皇十三年です。五三八年であれば宣化天皇に、五五二年であれば欽明天皇に仏像等が贈られたことになります。

当時の仏教は、言わば最新の大陸文化。百済が倭との同盟強化を目指した貢ぎ物と言えます。五三九年には欽明天皇が即位しましたので、いずれにしても、仏教公伝後の対応を迫られたのは欽明天皇ということになります。

前章でもお伝えしたとおり、贈られた仏像は蕃　神《あだしくにのかみ》、大唐神、他国神、仏神と呼ばれました。当時の倭の国神は八百万神《やおよろずのかみ》。つまり、仏像は大陸から伝わった異国神です。

欽明天皇を支える二大重臣は大臣《おおおみ》の蘇我稲目《いなめ》と大連《おおむらじ》の物部尾輿《おこし》。国神祭祀を司る天皇が異国神を拝むわけにいかず、仏像と経典は蘇我稲目に下賜。

　ここに仏教に寛容な崇仏派蘇我氏と、否定的な排仏派物部氏の対立がスタート。背景には二大重臣の勢力争いも影響していました。

　日本書紀は五八四年を「仏法の初め」と記しています。異国神を祀る宗教である仏教が、どのように日本に受け入れられていったのでしょうか。

四　仏法の初め

国神と仏神

　五三八年、百済の聖明王から日本に贈られた仏像は、蕃神《あだしくにのかみ》、大唐神、他国神、仏神と呼ばれました。前述のとおり、当時の倭の国神は八百万神《やおよろずのかみ》。つまり、仏像は大陸から伝わった異国神です。

　元興寺縁起《がんごうじえんぎ》は「数々の神心、発しき。国内乱れ、病死の人多し」と記し、仏神を受け入れたことで国神が怒ったと伝えています。

　日本書紀は、欽明天皇がやむなく「仏像を以て難波の堀江に流し棄つ。火を伽藍につく」と記しています。

この仕打ちに今度は仏神が怒ります。「たちまちに大殿に災あり」(日本書紀)、「仏神は恐ろしき物にありけり」(元興寺縁起)。仏神に対する恐れの気持ちは、やがて畏敬の念に転じていきます。

聖明王が仏教には利益功徳《りやくくどく》があると伝えていたこともあり、多くの豪族が氏神《うじがみ》と一緒に仏神を祀る氏寺を建立。仏教は六世紀に急速に浸透していきます。

朝鮮三国と日本仏教

五七二年、敏達《びだつ》天皇が即位。五七七年、百済は倭との同盟強化を図るため、敏達天皇に経典・律師・禅師・比丘尼《びくに》・呪禁師《じゅごんし》・造仏工・造寺工を贈ります。

五七九年、今度は新羅が倭に朝貢外交。敏達天皇に仏像を贈ります。

高句麗も高僧を派遣。倭における最初の出家者の戒師《かいし》(導師)は高句麗の恵便《えびん》となりました。

百済、新羅、高句麗の三国は、倭との外交関係を自国優位に展開するため、日本仏教への影響力を競いあっていたのです。

仏法の初め

この時期の日本仏教には、既に仏像、仏殿、仏舎利、信者が揃っており、足りないものは出家者でした。

五八四年、百済から初めて弥勒菩薩像が伝来したのを機に、崇仏派の蘇我馬子は出家者を出すことを思い立ちます。

高句麗から渡来していた恵便《えびん》を戒師とし、善信尼《ぜんしんに》、その弟子として禅蔵尼《ぜんぞうに》、恵善尼《えぜんに》の三人が出家。倭にとって初めての出家者です。

日本書紀と蘇我氏顕彰譚《けんしょうたん》は「仏法の初め、これよりおこれり」と記しました。

中国仏教や朝鮮仏教では、尼《あま》は僧から受戒するのがルール。つまり、僧がいてこそ尼が誕生します。倭の最初の出家者が尼であったことは、国神と同じ感覚で仏神を捉えていた日本仏教の特徴を示しています。

すなわち、国神に仕えるのは巫女《みこ》の役目。蘇我馬子は仏神にも巫女のような存在が必要と考え、尼を先に誕生させました。この時期、倭の仏教は大陸の仏教とは異質であったと言えます。

厩戸皇子《うまやどのおうじ》

倭における仏教の理解は、聖徳太子の登場によって格段に進みます。

仏教公伝の受け手となった欽明《きんめい》天皇。仏法の初めを迎えた敏達《びだつ》天皇。欽明天皇最後の年に生を受け、敏達天皇最初の年、五七二年に誕生したのが厩戸皇子《うまやどのおうじ》、のちの聖徳太子です。五七四年生まれという説もあります。

生母は穴穂部間人皇女《あなほべのはしひとのひめみこ》。厩戸という名前の由来は、馬小屋の前で生まれたから、あるいは大叔父である蘇我馬子の屋敷で生まれたからとも言われています。

次は、聖徳太子の誕生にまつわる話をお伝えします。

五　聖徳太子の誕生

阿弥陀如来と観音菩薩

聖徳太子の母は欽明天皇の娘、穴穂部間人皇女《あなほべのはしひとのひめみこ》。父は欽明天皇の息子、橘豊日皇子《たちばなのとよひのみこ》。父はのちの用明天皇です。

聖徳太子の両親はともに欽明天皇の子供ですが、それぞれ母親が違います。聖徳太子にとって祖父が欽明天皇、父が用明天皇になります。

五七一年元旦、母は不思議な夢を見たと言い伝えられています。

金色の僧が現れ「救世の願あり、皇女の胎に宿る」と告げられたので、「どなたか」と聞くと「西方の救世観音菩薩」と答えます。母が「仰せのままに」と伝えると、僧は口中に飛び込み、夢から覚めたとの伝説です。

五七二年元旦、母は宮中の厩戸の前で陣痛もなく出産。その子は厩戸皇子《うまやどのおうじ》と名づけられ、後世、母は阿弥陀如来の化身と言われるようになりました。

母方の実家は蘇我氏。当時の当主、蘇我馬子（太子の大叔父）の家で生まれたので厩戸皇子との説もあります。

太子伝説

聖徳太子には、奇瑞《きずい》、伝説の類がたくさんあります。

生まれた時は手に仏舎利を握り、二歳になると誰にも教えられないのに合掌して「南無仏」と唱えました。

五歳の時には、伯母に当たる豊御食《とよみけ》炊屋姫《かしきやひめ》がのちの推古天皇になることを予言。

六歳になると、「私は漢土衡山《もろこしこうざん》で修行をしていた」と前世を述懐。漢土衡山は中国湖南省の聖山の名前です。十一歳の時には、三十六人の童子の話を同時に聞き、全て記憶し、反復することができたと言われています。

十二歳の時、賢人として名高い日系百

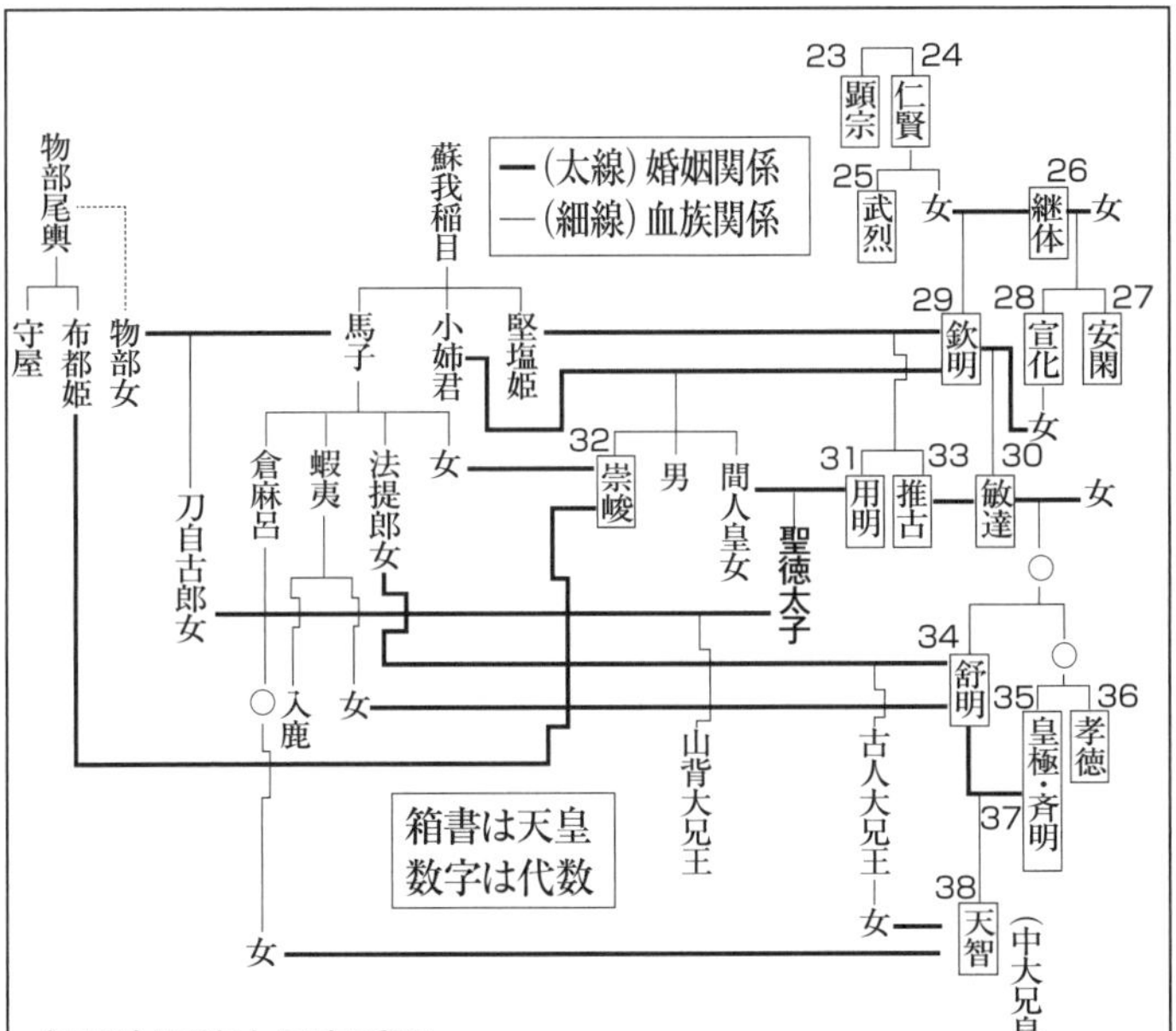

(図11)聖徳太子家系図

済人、日羅《にちら》が来朝。太子に会った日羅は、大陸で前世の太子に師事していたことに気づきました。

蘇我氏と物部氏の対立

五八四年、崇仏派の蘇我馬子が百済帰りの鹿深臣《かふかのおみ》から弥勒菩薩を贈られ、出家させた三人の尼（善信尼《ぜんしんに》、禅蔵尼《ぜんぞうに》、恵善尼《えぜんに》）に祈らせました。前項でお伝えした倭国初の弥勒菩薩と出家者です。叉甥の太子も熱心に礼拝し、大叔父の馬子と一緒に、仏法を拡めることを誓います。

その頃、馬子は病気がちであったうえ、国内に疫病が流行。排仏派の物部守屋が敏達天皇に「馬子の病、国内の疫病は他国神を祀った祟り」と進言。敏達天皇の詔《みことのり》を得た守屋は、仏塔を倒し、仏像を焼き、三人の尼を監禁して刑に処しました。

しかし、疫病は収まらず、天災に苛《さいな》まれ、事態は悪化。民衆は崇仏派を支持します。五八五年、太子は敏達天皇に仏法容認を奏上。遂に「馬子が私的に祈るなら許す」との勅許を得て、倭国に初めて正法《しょうぼう》が興ります。

もともとは有力者同士の権力闘争であった蘇我氏と物部氏の対立は、仏法を巡って決定的となりました。

聖徳太子の武功

聖徳太子の仏教伝が日本書紀に初めて具体的に出てくるのは五八七年。蘇我氏と物部氏の武力衝突の場面です。蘇我氏側で参戦した十五歳の若き太子は四天王に戦勝を祈願します。

次は、聖徳太子の四天王信仰についてです。

六　聖徳太子の四天王信仰

用明天皇

五八五年、敏達天皇は蘇我馬子が私的に仏法を信仰することを許し、倭国に初めて正法《しょうぼう》が誕生しました。

同年八月、敏達天皇崩御を受けて即位したのは異母弟の橘豊日皇子《たちばなのとよひのみこ》。つまり、厩戸皇子（聖徳太子）の父である用明天皇です。

用明天皇は二年後に病に倒れ、快癒祈願のために仏教への信心を深め、帰依を願います。

臣下の私的信仰と違い、神祇《じんぎ》の祭司長である天皇の仏教帰依は国の一大事。欽明天皇、敏達天皇、用明天皇の三代、約半世紀にわたる難問です。

用明天皇は臣下を病床に集め、「朕《ちん》は三宝（仏法僧）に帰依したい。皆で是非を論ずべし」と命じます。

大連《おおむらじ》・物部氏と大臣《おおおみ》・蘇我氏

排仏派の大連《おおむらじ》物部守屋は帰依に猛反対。

崇仏派の大臣《おおおみ》蘇我馬子は「天皇の御心《みこころ》に異を唱えてよいはずがない」と反対論を制し、九州から豊国法師《とよくにのほうし》を招き、快癒祈願をさせました。

大連は軍事、大臣は政治を補佐する立場。物部守屋と蘇我馬子の対立が決定的となる中、五八七年四月、用明天皇が崩御。

物部守屋は次期天皇候補である穴穂部人皇子《あなほべのひとのみこ》を擁して河内に布陣。

蘇我馬子は用明天皇の息子である厩戸皇子を擁して大和に布陣。

同年六月、敏達天皇の皇后であり、用明天皇の妹であった炊屋姫《かしきやひめ》（のちの推古天皇）が、物部守屋、穴穂部人皇子の討伐を蘇我馬子に命じます。

しかし、物部氏は軍事が本職。蘇我氏は劣勢です。

弱冠十五歳の厩戸皇子は、自ら彫った四天王像を髪に括《くく》りつけ、「勝利の暁には必ず護世のために寺を建立する」と誓願して参戦しました。

難波四天王寺

同年八月、いよいよ決戦。物部守屋が「これは物部の守護、布都大明神《ふつのだいみょうじん》の矢」と唱えて矢を放つと厩戸皇子に命中。しかし、鎧に守られて皇子は無事でした。

続いて、厩戸皇子が迹見赤檮《とみのいちい》に命じて「これはこれ、四天王の矢」と唱えて矢を射させると、物部守屋の胸に命中。秦造河勝《はたのみやつこかわかつ》が守屋の首を斬り落として勝負は決します。

四天王は仏教の守護神。東方を守る持国天《じこくてん》、西方を守る広目天《こうもくてん》、北方を守る多聞天《たもんてん》、南方を守る増長天《ぞうちょうてん》です。厩戸皇子の深い仏教信仰の証ですが、日本書紀の編纂者による後世の創話という説もあります。

五九三年、厩戸皇子は誓願どおりに難波四天王寺を建立。四天王寺縁起によれば、厩戸皇子は伽藍とともに、修行の場である敬田院《けいでんいん》、病人に薬を施す施薬院《せやくいん》、病人を収容する療病院、身寄りのない年寄りのための悲田院《ひでんいん》を併設。そののちの徳政の一端が垣間見えます。

用明天皇を継いだ崇峻《すしゅん》天皇は、わずか五年で暗殺され、五九三年、推古天皇が即位します。次は、厩戸皇子が摂政皇太子《せっしょうひつぎのみこ》に任じられる経緯についてです。

七　摂政皇太子

崇峻天皇

五八七年八月、厩戸皇子《うまやどのおうじ》の活躍によって排仏派の物部守屋は討伐され、泊瀬部皇子《はつせべのみこ》が崇峻《すしゅん》天皇として即位。厩戸皇子の叔父に当たります。

崇仏派の蘇我馬子は崇峻天皇の擁立に積極的ではありませんでしたが、炊屋姫《かしきやひめ》の推挙によって決まったと言われています。

炊屋姫はのちの推古天皇。先々代の敏達天皇の皇后であり、先代の用明天皇の妹でもあり、強い影響力を持っていました。厩戸皇子の伯母にも当たります。

崇峻天皇は、「神通の持ち主」との評判が立っていた甥の厩戸皇子を呼び、自分の顔相を占わせました。

厩戸皇子は「過去世からの因縁で短命の相あり。三宝（仏法僧）を敬い災禍を遠ざけるべし」と進言。しかし、崇峻天皇に崇仏の思いは稀薄でした。

馬の首

五八八年、蘇我馬子は飛鳥寺（法興寺）の建立に着手。さらに、倭国初の出家者である善信尼らを百済に派遣。大陸や朝鮮半島の最新の仏教を学び、倭国の仏教は隆盛し始めます。

大臣《おおおみ》である馬子の権力が強まるにつれ、相対的に崇峻天皇の権力は後退。

五九一年、崇峻天皇は朝鮮半島の倭国の拠点、任那《みまな》再興を狙って新羅出兵の詔《みことのり》を発出。「成算なし」として出兵に反対した厩戸皇子との関係も微妙になります。

同年十月、献上された猪を眺め、崇峻天皇が「猪の首を斬り落とす如く、朕が憎む馬の首も斬り落としてくれよう」と呟《つぶや》きました。

それを群臣から聞いた厩戸皇子。崇峻天皇に対して、「仏教の六波羅蜜《ろくはらみつ》に忍辱《にんにく》の教えあり。今必要なのは忍辱なり」と進言。群臣には崇峻天皇の発言を他言無用と命じました。

しかし、群臣の中に密告する者が出て、崇峻天皇の呟きは馬子の知るところとなります。

推古天皇

同年十一月、蘇我馬子は東漢直駒《やまとのあやのあたいこま》に崇峻天皇の暗殺を指示。東漢直駒は物部との戦いでも活躍した手練《てだ》れ者。

崇峻天皇は就寝中に襲われ、あえなく落命。殯《もがり》の儀式も省かれ、翌日には埋葬されるという異例の対応となりました。

同年十二月、炊屋姫が慌ただしく推古天皇として即位。

日本書紀は推古天皇を「姿色端麗進止軌制《ししょくたんれいしんしきせい》」（容姿端麗で礼儀正しく節度がある）と表しています。

崇峻天皇暗殺のこともあり、馬子との関係について推古天皇の心中は穏やかではありません。そこで白羽の矢が当たったのが厩戸皇子。

厩戸皇子は推古天皇と馬子にとって甥であり又甥。仏教に長け、崇仏派の馬子とも良好な関係にあったことから、推古天皇は厩戸皇子を皇太子として迎え、さらに摂政にすることを考えました。

つまり、推古天皇は祭祀として儀式を司《つかさど》り、政治の実権は摂政（厩戸皇子）と大臣（蘇我馬子）に委ねるという役割分担です。

皇子は何度も固辞しましたが、仏教興隆のためと説得され、最終的に要請を受け入れました。

五九三年、二十一歳の厩戸皇子は摂政皇太子《ひつぎのみこ》となり、推古天皇は「万《よろず》の機《まつりごと》を以て悉《ことごと》くに委ね」という詔を発しました。

太子の下で、五九四年、三宝（仏・法・僧）興隆の詔《みことのり》が発せられ、倭国は独自の仏教国として歩み始めます。次は、太子の師である慧慈《えじ》と覚哿《かくか》についてです。

八　聖徳太子の指南役

高句麗僧・慧慈《えじ》

五九四年、太子の下で三宝興隆の詔《みことのり》が発せられ、倭国は独自の仏教国として歩み始めます。五九五年、高句麗から慧慈という高僧が来朝。慧慈が太子と会って問答《もんどう》したところ、一を聞いて十を知る太子の理解力に「これはまさしく真人（ひじり、しんじん）」と感嘆。以来、慧慈と太子は師弟関係となりました。

真人とは道教の体得者を意味する呼称。当時の倭国に対する大陸や朝鮮半島の認識の一端が垣間見えます。倭国は、仏教よりも先に伝わった儒教や道教の影響が強い国と思われていたのかもしれません。

謎の覚哿《かくか》

日本書紀は次のように記しています。曰く「内教（仏教）を高句麗僧慧慈に習ひ、外典（儒教）を博士覚哿に学ぶ」。太子の師についての記述です。

慧慈来朝に先立つ五九三年、太子は覚哿に師事したとされています。百済系渡来人と言われる覚哿は日本書紀以外の文献には登場せず、謎に包まれています。

当時末期を迎えつつあったササン朝ペルシャから長安に来て、のちに朝鮮半島を経由して倭国に渡ってきたペルシャ人という説もあります。

隋による中国統一

この頃、大陸では隋が隆盛を極めていました。

五八一年（太子九歳）、隋が建国され文帝（楊堅）が即位。文帝の治世は六〇四年（同三十二歳）まで続きます。

五八九年（同十七歳）、隋は陳を滅ぼして中国を統一。黄巾《こうきん》の乱（一八四年）以来、実に四〇五年ぶりに中国国内の群雄割拠の時代が終わりました。

そののち、隋は四度にわたって高句麗と交戦（麗隋戦争）。隋による中国統一や朝鮮半島侵攻は、当時、東アジアの新興国であった倭国にとっては一大事でした。

また、隋が仏教を篤く保護していたことや、律令制を完備した先進国であったことは、そののちの太子の治世に影響を与えます。

その隋との関係構築のため、太子は遣隋使を派遣します。六〇〇年(同二十八歳)が第一回。六〇七年(同三十五歳)には小野妹子《おののいもこ》を派遣します。

三人の知恵袋

五世紀から六世紀の倭国において、物部氏、蘇我氏と並ぶ有力豪族のひとつであった秦氏《はた》は新羅系渡来人。秦河勝《はたのかわかつ》は太子の側近。五八七年の物部守屋との決戦の際、太子が迹見赤檮《とみのいちい》に命じて守屋を射抜いたのち、その首を斬り落としたのが秦河勝です。

当時の朝鮮半島は、高句麗、百済、新羅の三国時代。いずれも隋との外交関係に腐心していました。

東アジアの新興国・倭国の指導者となった太子にとって、師となった高句麗の慧慈、百済系の覚哿、そして側近の新羅系の秦河勝は、朝鮮半島や隋の情報をもたらし、外交対応を相談できる貴重な知恵袋(ブレーン)だったと言われています。

遣隋使、冠位十二階、十七カ条憲法

仏教に基づく国づくりに取り組みつつ、朝鮮半島や大陸の国際情勢にも対応することが求められた太子の治世。

六〇〇年の遣隋使派遣、そして六〇三年の冠位十二階と六〇四年の十七カ条憲法の制定に至りますが、その背景を知らずして、太子の決断を理解することはできません。

九　聖徳太子の治世の背景

日本書紀と隋書倭国伝

朝鮮半島や大陸の国際情勢に対応しつつ、仏教や律令制度の普及に腐心した聖徳太子（厩戸皇子）。両者は表裏一体の課題でした。

中国統一を成し遂げた隋。その隋に朝貢する朝鮮半島の高句麗・新羅・百済の三国。いずれも仏教が普及し、律令制度を備えた国々でした。

摂政に就いた七年後の六〇〇年（太子二十八歳）、太子は初めて遣隋使を派遣。

雄略天皇（宋書では武）時代の四七八年を最後に朝貢を中断し、中国の冊封《さくほう》体制から離脱した倭国。実に、約一世紀ぶりの使節派遣です。

ところが、日本書紀には六〇〇年の遣隋使の記述がありません。一方、隋書倭国伝には「倭王、使を遣わして闕《けつ》（みかど）に詣《いた》らしむ」と記しています。

約一世紀ぶりに中国と接した倭国の使者。仏教や律令制度など隋の文明の高さに驚愕《きょうがく》。服装も異なり、官位を示す冠もつけていない使者は隋の文帝（楊堅）に相手にされませんでした。

任那再興

では、倭国が約一世紀ぶりに使節を派遣したのはなぜでしょうか。

五八九年（同十七歳）、隋が中国を統一。高句麗と百済はただちに隋の冊封を受け入れ、臣下となりました。

五九一年（同十九歳）、崇峻天皇は朝鮮半島の倭国の拠点、任那《みまな》再興を狙って新羅出兵の詔《みことのり》を発出。出兵に反対した厩戸皇子と崇峻天皇の関係が微妙になったことは前々項でお伝えしました。

厩戸皇子が摂政に就いた翌年の五九四年（同二十二歳）、新羅が隋の冊封を受け入れたため、任那を巡って倭国は隋との外交関係構築を迫られたと言えます。

その結果の六〇〇年の遣隋使。しかし、倭国の思惑どおりには進みませんでした。

冠位十二階と十七カ条憲法

六〇三年（同三十一歳）、太子は冠位十二階を定めます。隋や朝鮮三国を念頭に置いた改革です。中国の五行思想に基づく仁・礼・信・義・智とそれらを総括する徳のそれぞれに大小を設けて十二階とし、群臣に授与。太子は門閥の弊害を除き、広く人材を登用しようとしました。

同年、官僚が執務する建物を整え、天皇が聴政を行う広場を有する中国風の小墾田宮《おわりだのみや》を造営しました。

六〇四年（同三十二歳）、理想の国家を築くための道徳的規範として十七カ条憲法を定めます。神祇崇拝の文言は含まれず、「篤《あつ》く三宝を敬へ」とする仏教の薦めに加え、「和を以《もっ》て貴しと為し」「我必ずしも聖《ひじり》にあらず、彼必ずしも愚かにあらず、共にこれ凡夫《ぼんぷ》のみ」といった仏教の教えを基とする考えが示されました。

国際情勢に対応しつつ、理想国家の建設に取り組む太子に対し、群臣の間に崇敬の念が拡がっていきました。

体制を整えたのちの六〇七年（同三十五歳）、小野妹子に五番目の官位である大礼《だいらい》の冠を与えて遣隋使として派遣しました。

隋書には、妹子が持参した国書を見て煬帝《ようだい》が激怒したと記されています。その理由は、倭国の天皇を「日出《ひい》づる処の天子」、隋の皇帝を「日没する処の天子」と記したからです。

太子は、なぜ国書に「日出づる処の天子」と記したのでしょうか。次は、太子の意図についてです。

序列	冠位	読み	冠色
1	大徳	だいとく	濃紫
2	小徳	しょうとく	薄紫
3	大仁	だいにん	濃青
4	小仁	しょうにん	薄青
5	大礼	だいらい	濃赤
6	小礼	しょうらい	薄赤
7	大信	だいしん	濃黄
8	小信	しょうしん	薄黄
9	大義	だいぎ	濃白
10	小義	しょうぎ	薄白
11	大智	だいち	濃黒
12	小智	しょうち	薄黒

（注）日本書紀等の正伝に冠色についての明確な記述はない。五行五色説等から様々な推定説が唱えられているが、確証はない。最高位の冠色は江戸時代から紫とする説が有力になったが、錦（金色を織り交ぜた模様の高級絹布）とする説もある。

(図 12) 冠位十二階

十　遣隋使の国書

小野妹子《おののいもこ》

六〇三年（太子三十一歳）の官位十二階、六〇四年（同三十二歳）の十七カ条憲法によって、国家としての体裁と体制を整えた太子。六〇七年（同三十五歳）、小野妹子《おののいもこ》を遣隋使として派遣します。日本書紀には妹子が最初の遣隋使と記されていますが、隋書によれば、六〇〇年（同二十八歳）にも遣隋使が派遣されていたことは前項でお伝えしました。

しかし、国家としての体制整備が不十分であったため、隋の文帝（楊堅）に正式な外交使節として認められなかったようです。このため、日本書紀はその事実を記しませんでした。

そして、体制を整えたのちの遣隋使である妹子には、五番目の官位である大礼の冠を与えて派遣したのです。

日出づる処の天子

隋書には、妹子が持参した国書を見て煬帝《ようだい》が激怒したと記されています。

その理由は、国書の書き出しが「日出づる処の天子、書を日没する処の天子に致す。恙《つつが》なきや云々」となっていたからです。

倭国を「日出づる処」、天皇を「天子」と記述。「天子」は冊封体制の下では隋の皇帝を示す言葉です。

煬帝は「蛮夷の書、復《ま》た以て聞《ぶん》する勿《なか》れ」（こんな無礼な書は二度と見せるな）と臣下に命じたと記されています。

しかし、妹子は返書を渡されたうえ、煬帝の使者裴世清《はいせいせい》を伴って帰国します。当時の隋は高句麗と戦争状態（麗隋戦争）にあり、高句麗の背後に位置する倭国との同盟関係を模索し、無礼を不問に伏したと言われています。

皇帝と天皇

日本書紀は六〇七年の国書のことは記していません。

一方、翌六〇八年（同三十六歳）、妹子が再び遣隋使として派遣された際の国書の記述はあり、その書き出しは「東の天皇、敬《つつし》みて西の皇帝に白《もう》す」であったと記しています。

この時、初めて天皇号が使われたようです。それまでの国書では、倭国の「大王」と記すのが通例。六〇七年の国書で「天子」と記して問題になったことから、今度は倭国の「天皇」と隋の「皇帝」を使い分けました。

六〇七年に「天子」と記したのは倭国と隋は対等であることを示したもの。一方、六〇八年の「天皇」は隋に配慮して使い分けたもの。隋に朝貢はするものの、臣下となって冊封されることを断固として拒んだ太子の戦略です。

高句麗と戦争状態にあった隋が、倭国の無礼を黙認したことは前述のとおり。当時の国際情勢や地政学的立場を踏まえた太子の巧みな外交手腕と言えます。

六〇五年（同三十三歳）、太子は推古天皇の前で三つの経典の講義を行いました。有名な三経講《こう》経《きょう》です。そののち、晩年にかけては解説書である三経義疏《ぎしょ》を編纂。

次に、太子の仏教を語る際に欠かせない講経と義疏についてお伝えします。

十一 仏教に基づく国づくり

三経講経《こうきょう》と三経義疏《ぎしょ》

推古天皇と摂政皇太子（厩戸王子）による治世が安定してきた六〇五年（太子三十三歳）、天皇は飛鳥大仏を建立。一方、太子は完成した斑鳩宮《いかるがぐう》に移りました。

六〇六年（同三十四歳）、天皇は太子に講経を行うことを求めます。つまり、仏教経典の講義です。最初に説いたのは勝鬘経《しょうまんぎょう》、次は法華経です。

このふたつは女性救済を教えの主題に含む経典です。天皇が女性であり、尼僧の数が増えていたことに配慮した太子の選択と言われています。

後年、在家仏教の大切さを説く維摩経《ゆいまきょう》も講義しました。この三つを総称して三経講経と言います。

太子は、講経と並行して解説書の編纂も行いました。勝鬘経義疏《ぎしょ》は六一一年（同三十九歳）、維摩経義疏は六一三年（同四十一歳）、法華経義疏は六一五年（同四十三歳）に完成しました。

現在、勝鬘経義疏と維摩経義疏は鎌倉時代の写本（刊本）が残されているだけですが、法華経義疏については太子直筆の草稿本が皇室御物《ぎょぶつ》として引き継がれているそうです。

百済と高句麗

初期の仏教経典や法具の多くは、蘇我氏とつながりの深い百済から持ち込まれていました。慧《え》聡《そう》、観勒《かんろく》など、百済は積極的に高僧を派遣し、倭国との関係強化に腐心。

やがて、高句麗も倭国仏教に影響を与えようとします。朝鮮半島での政治的力学を意識して倭国との関係づくりを図るためです。

倭国初の出家者である善信尼《ぜんしんに》の戒師を務めた恵便《えべん》、太子の師となった慧慈《えじ》も高句麗僧。

六一〇年（同三十八歳）には儒教、工芸、寺院建築などに秀でた曇徴《どんちょう》や法定《ほうじょう》が来朝するなど、高句麗は百済を凌駕する勢いで倭国に高僧や仏師、寺大工等を送ってきました。

隋の滅亡

太子の治世は、内政、外交のいずれにおいても、中国大陸での隋の興亡、朝鮮半島の政治的力学と密接に関係しています。

隋の始祖、文帝（楊堅）を継いだ煬帝《ようだい》は、華北・江南を結ぶ大運河を建設したり、度重なる高句麗遠征（麗随戦争）を行い、民衆は重税や戦役に苦しみました。

六一三年（同四十一歳）、楊玄感《ようげんかん》の反乱を契機に国が乱れ、六一八年（同四十六歳）、煬帝は近衛兵に暗殺されます。

重臣の李淵《りえん》は煬帝の孫の楊侑《ようゆう》を幼帝として擁立。そののち、楊侑から禅譲を受けて自ら帝位につき、唐を立国。李淵は唐の高祖となり、隋は滅亡しました。

その年の春、太子は隋の滅亡を予知したと伝えられています。中国大陸や朝鮮半島の情報に通じた太子が、情勢を把握していた証でしょう。同年秋、太子は自らの最期が近いことを覚り、妃の膳大郎女《かしわでのおおいらつめ》に六代前までの前世を語りました。

太子には奇瑞《きずい》、伝説が数多く伝えられています。次は、太子の最期と太子伝説についてです。

十二　聖徳太子の晩年

念禅法師

六一五年（太子四十三歳）、仏教の師である慧慈が高句麗に帰国。教えを請う師を失い、太子は寂寥の思いで晩年を過ごしました。

六一八年（同四十六歳）、太子は自らの最期が近いことを覚り、妃の膳大郎女《かしわでのおおいらつめ》に六代前までの前世を語ります。

初めは中国晋朝の時代に卑賤の家に生まれ、衡山《こうざん》で三十年の修行をしたのち、宋代以降に四度輪廻して、六回目は念禅法師（南獄慧思大師《なんがくえし》）。いずれも衡山で修行しています。

六〇七年（同三十五歳）、小野妹子を遣隋使として派遣した際、妹子に衡山に行って三人の老師に会うよう命じました。

妹子が三老師を訪ねたところ、「念禅法師はお元気ですか」と尋ねられたそうです。

国記《くにつふみ》・天皇記《すめらみことのふみ》・本記《もとつふみ》

六一九年（同四十七歳）、推古天皇は夢を見ます。太子が着飾った姿で現れる夢です。そのことを太子に告げると、太子曰く「帝のもとを離れる知らせです」。その年、太子は大病を患います。

六二〇年（同四十八歳）の三月と九月、太子は斑鳩宮で別れの大宴会を催します。同年十二月、太子の母、穴穂部間人皇女《あなほべのはしひとのひめみこ》が崩御。また、天に雉《きじ》の尾のような赤気《せっき》が出現。彗星と伝えられています。百済の高僧が「太子没後七年目に兵乱があり、一族が滅する兆し」と予言すると、太子は黙って頷《うなず》きました。

太子は倭国の安泰を念じ、国記《くにつふみ》、天皇記《すめらみことのふみ》とともに、諸豪族の本記《もとつふみ》の編纂を命じました。これらは、後世の日本書紀や古事記に発展していきます。

世間虚仮《せけんこけ》、唯仏是真《ゆいぶつぜしん》

六二一年（同四十九歳）二月二十一日、太子は妃に沐浴を命じ、自らも沐浴。太子は妃に「今宵遷化《せんげ》します。一緒においでなさい」と告げました。

翌二十二日、太子と妃は相次いで遷化したそうです。太子の遷化については、六二二年説、二月五日説などもあります。

晩年の太子の言葉として伝えられているのは「世間虚仮《せけんこけ》、唯仏是真《ゆいぶつぜしん》」。曰く「世間は虚しく、仮にして、唯だ仏のみが真である」。

後世の「天寿国繡帳《てんじゅこくしゅうちょう》」の発願者、橘大女郎《たちばなのおおいらつめ》の回想として記されています。

太子伝説

そののち、太子の予言書と言われる未来記が各地で発見されています。

有名なのは一〇五四年、法隆寺太子廟の横を多宝塔建立のために掘り下げた際に発見された石記文。

太子の転生譚《てんしょうたん》も知られています。そののちの仏教を継承した行基《ぎょうき》をはじめ、空海、最澄も太子の生まれ変わりと言われました。聖武天皇、後醍醐天皇、藤原道長など、後世の権力者が自らを太子の生まれ変わりと称する例も現れました。

こうした六代輪廻、未来記、転生譚などは、太子伝説として伝承されています。

太子が礎を築いた倭国仏教。そののち、最澄が誕生するのは七六七年、空海が誕生するのは七七四年。太子没後、約百五十年後です。

次章は、最澄・空海に至る飛鳥・奈良時代の日本仏教です。

聖徳太子像

第四章　飛鳥・奈良時代の仏教

日本に伝来した仏教。紆余曲折を経たものの、聖徳太子という守護者を得て日本に定着しました。しかし、仏教が人々に広く浸透していくにはまだまだ時間がかかります。

この章は、人々に仏教が定着する前の飛鳥・奈良時代の仏教についてです。

一　氏族仏教から国家仏教へ

輸入仏教・教学仏教・実践仏教

聖徳太子が亡くなったのは六二二年、最澄誕生は七六七年、空海誕生は七七四年。この間の約百五十年間は飛鳥・奈良時代です。

飛鳥時代は、聖徳太子が摂政になった推古天皇元年（五九三年）から、持統天皇による藤原京遷都（六九四年）までの頃と定義されています。

その後、元明《げんめい》天皇による平城京遷都（七一〇年）を経て、桓武天皇による平安京遷都（七九四年）までの頃が奈良時代と言われています。

倭国への仏教公伝は五三八年。その後、飛鳥時代までは言わば輸入仏教の時代。仏教は異国の文化・宗教でした。しかし、奈良時代には仏教の内容を理解しようとする動きが広がり、教学仏教の時代に入ります。

そして、最澄と空海による平安時代初期の仏教。教学だけでは足らざる点を補う実践仏教の時代を迎えます。

三巨人

大化の改新（六四五年）を契機に、仏教の主導的立場は蘇我氏から天皇家に引き継がれました。

飛鳥時代と奈良時代の境目に当たる七〇一年（大宝元年）には、文武《もんむ》天皇が大宝律令を定め、国家としての体裁をさらに整えました。

そして、遣唐使として派遣された粟田真人《あわたのまひと》が唐に対して初めて「日本」という国号を用い、倭国から日本国へと変わった年に当たります。

こうした中で、日本仏教は初期の氏族仏教から国家仏教へと変遷していきます。

聖徳太子没後、最澄・空海に至る過程で日本仏教を支えたのは、続々と隋・唐への留学から帰国した倭人僧。その後は、役行者《えんのぎょうじゃ》、行基《ぎょうき》、鑑真《がんじん》の三人です。

この章では、聖徳太子没後の動きと、飛鳥・奈良仏教の三巨人についてお伝えします。

推古天皇の仏教改革

聖徳太子の晩年、有力豪族の氏寺や大勢の僧尼が誕生し、仏教は隆盛しました。日本書紀によれば、四十六ヶ寺、僧尼一三八五人に及んでいたと記されています。

その一方、推古天皇は、教義の理解も十分でない僧尼の言動に問題を感じていたようです。

聖徳太子没後三年の六二四年、僧による傷害事件が発生。激怒した推古天皇は仏教界を粛正しようとします。

僧正である観勒《かんろく》の弁明によって粛正は免れたものの、推古天皇は仏教改革を断行。同年に関する日本書紀は次のように記しています。

「道人も法を犯す。何を以てか俗人をおしえむ。故《ゆえ》、僧正・僧都を任《め》して僧尼を検校《かんが》うべし」（四月十三日条）。

「観勒《かんろく》を以て僧正、鞍部徳積《くらつくりのとくしゃく》を以て僧都、阿曇連《あずみのむらじ》を以て法頭《ほうず》とす」（同十七日条）。

「寺、僧尼を校《かんが》えて、つぶさにその寺の造れる縁、僧尼の入道《おこな》う縁、度せる年月日を録す」（同九月三日条）。

つまり、寺と僧尼の管理・統制と現状調査を命じたと言えます。

その二年後の六二六年、蘇我馬子が没します。倭国仏教を牽引してきた聖徳太子と蘇我馬子の逝去、推古天皇の改革により、単に寺を創建し、僧尼を増やす時代は終わりを迎えます。

次は、そののちの倭国仏教を支えた留学僧についてお伝えします。隋・唐に留学した僧たちが続々と帰国します。

二　帰国留学僧の活躍

朝鮮僧

聖徳太子の時代以降、遣隋使、遣唐使として多くの倭人僧が大陸に渡る一方、三国（高句麗・新羅・

百済）時代の朝鮮半島からも多くの朝鮮僧が来日していました。

推古天皇の仏教改革（六二四年）によって僧正に任じられた観勒《かんろく》は百済僧。観勒を継いだ慧灌《えかん》は高句麗僧。

慧灌は唐で三論宗《さんろんしゅう》開祖の吉蔵《きちぞう》に師事。そのため、後に南都六宗の中核となる三論教学を倭国に伝える役割も果たしました。

三論教学は聖徳太子の時代にも、太子の師であった慧慈《えじ》や慧聡《えそう》によって倭国に伝わっていましたが、浸透しませんでした。

その理由は、それを理解できる倭人僧がいなかったからです。

やがて、遣隋使、遣唐使として大陸に派遣された倭人僧が長い留学期間を終えて帰国。彼らは、大陸や朝鮮半島の宗教を理解し、倭国に普及させることに貢献します。

舒明《じょめい》天皇と山背大兄王《やましろのおおえのおう》

六二一年に聖徳太子、六二六年に蘇我馬子が相次いで没し、六二八年には推古天皇が崩御。倭国初の三十七年間の女帝時代が終焉するとともに、三人による治世の均衡が崩れ、そののちの混乱が始まります。

皇位継承候補となったのは、田村皇子と山背大兄王《やましろのおおえのおう》（聖徳太子の息子）。

馬子を継いだ蝦夷《えみし》は田村皇子を支持。蝦夷は、山背大兄王を支持していた有力者の境部摩理《さかいべまり》勢《せ》を自害に追い込み、田村皇子を舒明天皇として即位させることに成功。これが、のちの乙巳《いっし》の変、大化の改新（六四五年）につながります。

倭人僧と如法化《にょほうか》

推古天皇の晩年、及び舒明天皇の時代になると、倭人僧が続々と大陸から帰国。六二三年の恵斉、恵光、医恵日《くすし》、福因、智洗爾《ちせんに》、六三二年の僧旻《そうみん》、霊雲、六四〇年の恵穏、恵雲、六四一年の請安《しょうあん》などです。

大陸や朝鮮半島の文化・宗教としての輸入仏教であった倭国仏教。留学期間を終えた倭人僧の帰国によって、仏教の教えを本格的に倭国に普及させる教学仏教の時代に入ります。

倭国仏教の如法化《にょほうか》（仏法の教えを正しく伝える）時代に入ったと言われています。

百済大寺《くだらだいじ》

六三九年、舒明天皇が壮大な規模の百済大寺を創建。九重塔も建立しました。

倭国古来の祭祀を司る天皇が自ら仏教寺院を創建したことは、倭国仏教が有力豪族の氏族仏教から国家仏教へ転化する契機となりました。

こうした背景には、隋や唐の国家仏教を垣間見てきた留学僧たちの助言があったと言われています。

現在の奈良県桜井市の吉備池廃寺《きびいけはいじ》が百済大寺の遺構です。

独自の発展を始めた倭国仏教。そうした中で聖徳太子の息子である山背大兄王が非業の死を遂げます。次は、六四三年、聖徳太子一族の滅亡についてお伝えします。

三　山背大兄王《やましろのおおえのおう》の悲劇（図11参照）

蘇我氏の専横

六三九年に百済大寺を創建した舒明《じょめい》天皇が六四一年に崩御。再び山背大兄王（聖徳太子の息子）が皇位継承候補として名前があがりました。

すると、蘇我蝦夷《えみし》はすかさず皇后の宝皇女《たからひめみこ》を皇極《こうぎょく》天皇として即位させました（六四二年）。いずれ、蘇我氏の傀儡として古人大兄王《ふるひとのおおえのおう》に皇位を継がせる伏線です。

また、大勢の民を動員して蘇我氏の墳墓を造営させ、天皇陵と同じように「みささぎ」と呼ばせるなど、蘇我氏の専横ぶりが際立ちます。

その実権が蝦夷の息子入鹿《いるか》に移るにつれ、蘇我氏の専横ぶりに批判が集まるようになります。

聖徳太子一族の滅亡

蝦夷が病床につくと入鹿は一段と先鋭化。根強い皇位継承期待がある山背大兄王の暗殺を画策します。

六四三年、巨勢徳太《こせのとこだ》に山背大兄王の暗殺を指示。山背大兄王の斑鳩宮は焼き討ちに遭い炎上。何とか難を逃れた山背大兄王でしたが、自分の存在が皇位継承争いと無益な戦いにつながることを憂い、斑鳩寺《いかるがでら》（現在の法隆寺）の五重塔で、妻子、一族とともに捨身して果てたと言われています。

ここに、聖徳太子の一族は滅亡しました。「世間虚仮《せけんこけ》、唯仏是真《ゆいぶつぜしん》」という太子の言葉が偲ばれます。

倭人僧と遣唐使

六二一年の聖徳太子没後、倭国の内政は太子一族と蘇我氏の対立構図が続き、六四三年の太子一族滅亡で節目を迎えました。

倭国が内紛に明け暮れる間、唐や朝鮮三国を巡る国際情勢は大きく動いていました。六一八年、隋が滅びて唐が成立。高句麗・新羅・百済の朝鮮三国は唐の冊封を受け、臣下となります。

六二三年、かつて遣隋使船に乗って留学した倭人僧恵日《えにち》が新羅経由で唐から帰国。恵日は推古天皇に対し、倭人僧の唐からの召喚と唐との国交開始を進言。当時の国際情勢を踏まえた的確な進言でした。

舒明天皇の代になった六三〇年、第一回遣唐使が派遣されます。

しかし、唐からの冊封は受けませんでした。かつて太子が隋に対して「朝貢すれども冊封されず」とした外交姿勢を継承したと言えます。隋と同様に、唐も朝鮮三国を制するために、その背後に位置する倭国との関係に配慮したようです。

朝鮮三国の争乱

六四一年、百済で政変が発生。即位した義慈王《ぎじおう》は六四二年に新羅へ侵攻。新羅は金春秋《こんしゅんじゅう》を高句麗に派遣して援軍を要請。高句麗は領土割譲を新羅に要求したために両国は対立。人質になった金春秋は脱走して帰国。

同年、高句麗でも泉蓋蘇文《せんがいそぶん》が国王や大臣百人余を惨殺。百済と結んで新羅に侵攻。臣下である朝鮮三国の争乱に激怒した唐の太宗は、六四五年、高句麗征討に出発。隋麗戦争の再現です。同年五月、太宗は国境線の遼河《りょうが》の橋を壊して退路を断ち、兵士たちに不退転の決意を示して高句麗に攻め込みます。

国際情勢が緊迫する中、翌六月、倭国では乙巳《いっし》の変が起き、大化の改新に至ります。倭国の政変です。次は、その背景と経緯をお伝えします。

四　乙巳《いっし》の変と大化の改新

乙巳《いっし》の変《へん》

朝鮮三国（高句麗・新羅・百済）の動乱と時を同じくして、倭国でも政変が起きます。

蘇我入鹿の専横に業を煮やした中臣鎌足《なかとみのかまたり》は物部氏系の豪族。入鹿を嫌っていた蘇我氏分家の石川山田麻呂や中大兄皇子《なかのおおえのみこ》らと結託して入鹿暗殺を計画します。

六四五年（乙巳）六月、飛鳥の板蓋宮《いたぶききゅう》で催された朝鮮三国朝貢の儀。

中大兄皇子は皇極天皇の面前で入鹿を襲撃。詰問する天皇に対して、「入鹿は皇族を滅ぼして自ら皇位に就く魂胆」との嫌疑を告げ、入鹿を斬殺。

入鹿斬殺の報を聞いた父の蝦夷《えみし》も屋敷に火を放って自害。蘇我氏本家は滅亡しました。

日本書紀の記述に基づいていますが、中臣鎌足と中大兄皇子らが、倭国の秩序回復と朝鮮動乱に対処するために変革が必要と考えた末の政変と言われています。

大化《たいか》の改新《かいしん》

変の翌日、皇極天皇は退位。弟の孝徳天皇が即位。歴史上初めての生前譲位です。また、初めて元号が定められ「大化」と命名されました。

六四六年、孝徳天皇によって、土地国有化、及び行政組織・戸籍・租税制度整備の四つを柱とする「改新の詔《みことのり》」が発せられました。大臣も左大臣・右大臣に分けられ、官僚制が整えられます。

倭国仏教の大転換点となる「仏法興隆の詔」も発布。その内容は、五三八年の仏教公伝以来、蘇我稲目、馬子が奉仏してきたことを称えつつ、今後は天皇がその役目を引き継ぐと宣言するものです。

氏族仏教から発展し、蘇我氏が支えてきた倭国仏教。中臣鎌足と中大兄皇子は、蘇我氏を排除し、天皇が支える国家仏教を目指しました。

十師《じっし》

「仏教興隆の詔」では、仏教の監督指導僧として、沙門狛大法師福亮《しゃもんこまだいほっしふくりょう》・恵雲《えうん》・常安《じょうあん》・霊雲《りょううん》・恵至《えし》・僧旻《そうびん》・道登《どうとう》・恵隣《えりん》・恵妙《えみょう》を十師に任命。中国生まれの福亮以外は全員が隋・唐に留学した倭人僧。倭国仏教は、朝鮮僧に頼っていた時代から進化しつつありました。

天皇や大臣の助言役として国博士《くにはかせ》が設けられ、留学帰りの倭人僧、僧旻と高向玄理《たかむこのくろまろ》が就任。一流の知識人として、多くの僧が活躍し始めました。

国の体制が整備される一方で、権力闘争は続きます。権力を掌握した中臣鎌足と中大兄皇子は、古人大兄皇子《ふるひとのおおえのみこ》、石川山田麻呂などの政敵を次々と誅殺し、難波遷都を強行。また、左大臣阿倍内麻呂の怪死、中大兄皇子邸の出火など、不吉なことが続いたことから、元号を白雉《はくち》に改元。六五三年、中大兄皇子は大和遷都を画策。孝徳天皇が反対したため、中大兄皇子は先帝（皇極天皇）や孝徳天皇の皇后とともに大和に下向します。

難波に残された孝徳天皇はやがて崩御し、先帝が再び斉明天皇として即位。史上初の重祚《ちょうそ》です。

孝徳天皇の子である有馬皇子《ありまのみこ》は身の危険を察して狂人を装ったものの、謀反の嫌疑で捕縛され、十九歳で命を落としました。

倭国内外の動乱、政変はまだ続きます。六六〇年の白村江《はくそんこう》の戦いと六七二年の壬申《じんしん》の乱は、日本が古代から中世に移行する時代の大事件です。白村江は「はくすきのえ」とも読まれます。日本は朝鮮三国の争いに巻き込まれ、戦いの結果、日本に渡来する大勢の百済人がそののちの日本仏教に影響を与えます。

五　白村江の戦い

任那《みまな》の調

長く倭国の朝鮮半島での拠点であった任那に対して、新羅や百済が影響力を強めていたことから、大化の改新（六四五年）直後、倭国は両国に任那の「調（税金）」を要求。六四六年、国博士《くにはかせ》の高向玄理《たかむこのくろまろ》が新羅と交渉し、「質」を差し出すことを条件に「調」を廃止。「質」は人質という意味ですが、実質的には外交官。つまり、新羅や百済と外交関係を結ぶことで、倭国による任那支配は終焉を迎えました。

新羅から来た「質」は王族の金春秋（のちの武烈王）。かつて（六四二年）高句麗の捕虜になった経験もある内政・外交に精通した朝鮮三国屈指の政治家でした。

百済滅亡

金春秋は倭国の人々に敬愛され、六四八年に帰国。次に唐に派遣され、唐の太宗にも厚遇されます。

唐から帰国後、金春秋は新羅の服制や年号を唐式に改め、唐の属国となる道を選択。当時の東アジアの国際情勢を踏まえ、現実的な選択をしたと言えます。

しかし、金春秋の選択はそののちの朝鮮三国と倭国の歴史に大きな影響を与えます。

六五五年、高句麗・百済連合軍が新羅に侵攻。新羅から救援を求められた唐は高句麗に出兵。攻防は一進一退。

六五九年、百済の新羅に対する攻勢が強まる中、唐の高宗は高句麗の背後に位置する百済制圧を決断。六六〇年、水陸十三万人の大軍で百済を攻め、百済は滅亡しました。

唐軍が高句麗に転戦すると、百済の遺将は百済再興を企図。倭国に援軍派遣と餘豊璋《よほうしょう》送還を求めます。

餘豊璋は三十年前に倭国に「質」として送られた百済王子。再興の象徴として担ぐためです。

白村江の戦い

六六一年、斉明天皇は中大兄皇子、その弟の大海人皇子《おおあまのみこ》に援軍を編成させ、餘豊璋の百済衛送を決断。しかし、援軍出発直前に崩御し、その後は中大兄皇子が事実上の天皇として指揮をとります。

六六二年、餘豊璋が国王に就くと百済復興軍は勢いづき、唐・新羅連合軍と激戦が続きます。

しかし、百済復興軍が新旧勢力間の内紛で乱れると、唐・新羅連合軍は錦江《きんこう》を下って一気に勝負に出ました。

六六三年八月、錦江河口の白村江で唐・新羅連合軍と百済・倭国連合軍が対峙。唐と倭国の水軍同士の決戦となり、倭軍は大敗。倭軍は朝鮮南部に敗走し、亡命を希望する多くの百済人とともに帰国しました。

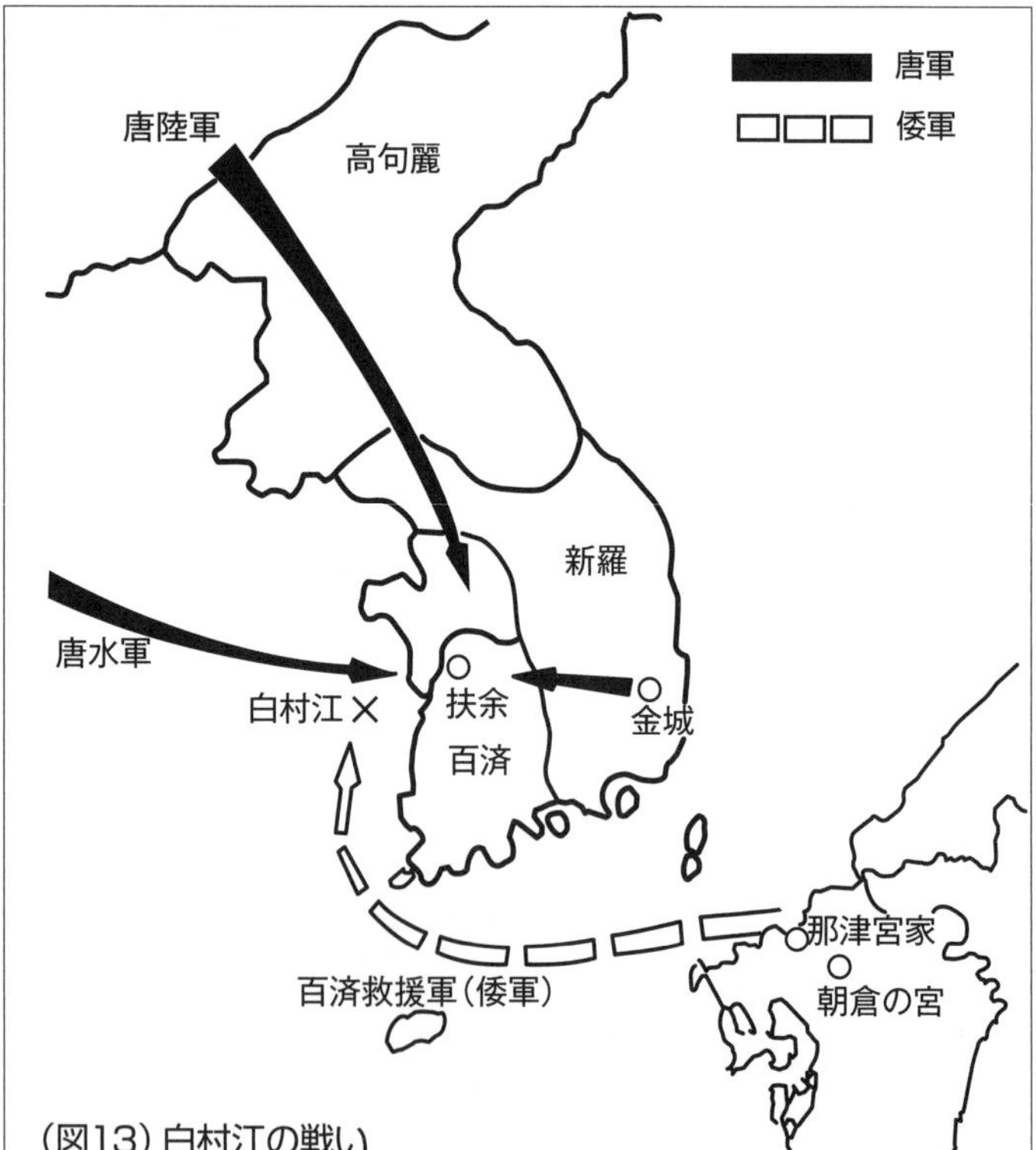

（図13）白村江の戦い

百済滅亡と唐軍の力を目の当たりにした倭国は、六六四年、対馬・壱岐・筑紫に防人《さきもり》と烽《とぶひ》を設置。太宰府防衛のために多くの山城を築き、唐の襲来に備えました。

白村江の戦いを境に倭国は朝鮮半島への影響力を喪失。また、百済人大量亡命は、古代最後で最大の倭国への集団移住。この時の渡来人は、そののちの倭国の仏教や内政に大きな影響を与えることになります。

天智天皇《てんちてんのう》

六六七年、中大兄皇子は大津遷都を行い、六六八年、天智天皇として即位。同年、唐・新羅連合軍は高句麗も滅亡させました。倭国は唐の襲来を警戒しつつ、中央集権国家の構築に向けて最後の争乱に向かいます。

六　壬申《じんしん》の乱

大海人皇子《おおあまのみこ》と大友皇子《おおとものみこ》

白村江の戦い（六六三年）の後、国防体制整備と内政改革を開始した中大兄皇子。

六六一年の斉明天皇崩御の後、皇位に就かずに事実上の統治を行っていた中大兄皇子でしたが、六六七年、大津（近江）遷都を行い、六六八年、ようやく天智天皇として即位。

六七〇年、初の戸籍として庚午年籍《こうごねんじゃく》を作成。中央集権国家ができあがりつつありました。天智天皇の弟は大海人皇子《おおあまのみこ》、息子は大友皇子。大海人皇子は長く斉明天皇、天智天皇を補佐し、人望がありました。

皇位継承を巡る微妙な空気が流れる中、天智天皇が病床に着きます。六七一年、病床に大海人皇子を呼んだ天智天皇は「後継《あと》を任せたい」と告げます。

しかし、皇位継承の意思があることを示せば身の危険につながることを察知した大海人皇子は、病気を理由に固持し、出家して吉野に籠もります。

壬申の乱

六七二年、天智天皇が崩御すると、大友皇子が弘文天皇として即位。しかし、朝廷内部では大海人皇子への同情と期待が続いていました。

吉野の大海人皇子、大津の弘文天皇の間で高まる緊張感。そうした中、弘文天皇が天智天皇の墳墓造営の人夫を武装させ、挙兵準備をしているとの情報を得た大海人皇子が逆に挙兵を決断。壬申の乱が勃発します。

戦いは畿内を舞台にして六月二十二日から七月二十三日まで続きました。最終決戦は瀬田の戦い。敗走した弘文天皇は山崎で自害。大海人皇子側が勝利しました。

天武天皇

六七三年、大海人皇子は天武天皇として即位。天智天皇の遺志を継ぎ、官僚制の整備と軍事力の強化に取組み、中央集権国家の形成に注力します。

国内的には天皇（大王《おおきみ》）と豪族・貴族の関係を定めるために古事記を、対外的には倭国の正統性を示すために日本書紀の編纂を命じます。

六八一年、律令の編纂も命じ、七〇二年の大宝律令につながります。大王《おおきみ》と呼ばれていた統治者を天皇と呼びかえ、定着させたのも天武天皇と言われています。

前章でお伝えしたように、文献に天皇の呼称が初めて出てくるのは六〇八年の隋の煬帝《ようだい》に献じた国書。以来、七十年余を経て、ようやく天皇号が定着します。

六八六年、天武天皇が崩御すると鵜野《うの》皇后が持統天皇として即位。

六九七年、持統天皇が崩御すると、孫の軽皇子《かるのみこ》が文武《もんむ》天皇として即位。

七〇一年（大宝元年）、文武天皇が派遣した遣唐使、粟田真人《あわたのまひと》が唐に対して初めて「日本」という国号を用います。

日本は唐に冊封されることなく、独自の律令制度、位階制度を持つ独立国家としての立場を明確にしました。

修験道《しゅげんどう》の祖

こうして日本の国家体制が整っていく過程で、国家仏教となった日本の仏教も独自の変化を遂げていきます。

天武・持統・文武天皇の頃に、都の貴族や僧尼たちの耳目を集めていたのが修験道の祖と言われる役行者《えんのぎょうじゃ》です。次は、役行者についてお伝えします。

七　役行者《えんのぎょうじゃ》

神仏習合《しんぶつしゅうごう》

随・唐に対して倭国（日本）は対等の立場であることを主張した聖徳太子が六二二年に逝去。

そののちの日本は、乙巳《いっし》の変と大化の改新（六四五年）、白村江の戦い（六六三年）、壬申の乱（六七二年）、大宝律令（七〇一年）などの内外の一大事を経つつ、中央集権国家としての体制を整えていきました。

この間、隋・唐や朝鮮三国（高句麗・新羅・百済）に留学した僧尼たちは最新の知識や国際情勢を知る立場となり、治世においても重要な役割を果たしました。

そうした中で、日本の仏教は独自の発展を遂げます。もともと異国神として伝来した仏は、徐々に日本古来の神霊と混交し、神仏習合の概念が形成されていきます。

とくに、古くから山岳が神霊の住処《すみか》として崇《あが》められていたことから、山岳修行を行う修験者《しゅげんじゃ》や山伏《やまぶし》が仏教に影響を与えることになります。

役行者

その修験者や山伏が修験道の祖と崇め、崇拝したのが役行者です。

続日本紀《しょくにほんぎ》には、六九九年に「役君小角《えのきみおづぬ》を伊豆嶋に配流」と記されています。役小角《えんのおづぬ》または役行者と呼ばれる修験者が登場する正史（朝廷編纂の歴史書）は続日本紀のみです。

続日本紀や鎌倉時代に修験者が編纂した諸山縁起《しょざんえんぎ》によれば、役行者は大和国葛木《やまとのくにかつらぎ》、現在の奈良県御所《ごぜ》市の生まれ。幼少以来三十年余にわたり葛木（城）山で修行を重ね、験力を身につけ、鬼神を使役できるほどになったと言われています。

韓国連広足《からくにのむらじひろたり》

その役行者が伊豆に流された理由について、続日本紀や諸山縁起は、役行者を師と仰いでいた韓国連広足が「役行者は妖術を使って陰謀を企てている」と訴え出たためと記しています。つまり、弟子による讒言《ざんげん》（密告）です。

広足は七三二年に外従《げじゅ》五位下の典薬頭《てんやくのかみ》に昇進。医者を管轄する典薬寮《くすりのつかさ》の長官です。六九九年頃の広足は典薬寮の若い役人。宮廷呪禁師《じゅごんし》として医術を学んでいたと思われます。験力を備えた役行者を師と仰ぎ、修験道の医術を身につけようとしていたのでしょう。

伊豆配流

斉明（六五五年〜）、天智、弘文、天武、持統（〜六九七年）と続く歴代天皇の晩年、常に皇位継承を巡って朝廷内で権力闘争が生じ、有力者が吉野などの山中に籠る不穏な行動が続きました。

そのため、山中に籠る私度僧や修験者にも、国家叛逆の嫌疑をかけられる風潮があったようです。

既に朝廷に存在が知られていた役行者に対して、妖術を使って陰謀を企てているとの広足の讒言と伊豆配流には、朝廷の権力闘争も影響していたようです。役行者と広足の間に何らかの確執があったとも言われていますが、真相はわかりません。

最澄・空海が活躍していた八二二年に編纂された霊異記《りょういき》にも、役行者の説話が記されています。その内容から、最澄・空海が追求した密教と役行者の関係が読み取れます。

次に、霊異記の内容と役行者が体得していたとされる孔雀経法についてお伝えします。

八　孔雀経法

一言主大神《ひとことぬしのおおかみ》

最澄・空海が活躍していた八二二年に編纂された霊異記。その中に、薬師寺の僧、景戒《きょうかい》が記した役行者《えんのぎょうじゃ》の説話があります。修験道の祖と言われる役行者に関する最古の文献です。

役行者は「役の優婆塞《うばそく》」という名で登場。古くは賀茂の役公《えのきみ》、その当時の高賀茂朝臣《たかかもあそん》の系統と記されています。

幼少より賢く、仏法信仰に篤く、四十歳を過ぎてなお巌窟《いわや》に住み、修行を続けていました。

やがて験力（神通力）が高まり、自在に操れるようになった鬼神に対して「金峯と葛木山の間に橋を架け渡せ」と命じます。

役の優婆塞の行いを憂いた葛木山の一言主大神《ひとことぬしのおおかみ》。里人にのり移って「役の優婆塞が陰謀を企て天皇を滅ぼそうとしている」と訴えます。

朝廷はこの訴えを聞き、役の優婆塞の母を捕えて囮《おとり》とし、役の優婆塞を捕縛します。葛木山の神々は朝廷の守護神。役の優婆塞の行いが朝廷の怒りを買ったことを示唆しています。

孔雀経法

役行者は孔雀経法を修めていたと言われています。毒蛇を喰べる孔雀を神格化した孔雀明王。その孔雀明王の秘法が孔雀経法。

日本には奈良時代に伝わり、その呪文は、雨乞い、晴乞い、無病息災、災疫撃退などに役立つと信じられていました。

最澄・空海が密教を追求する百年以上も前に、役行者は孔雀明王を本尊とした密教的修法を体得していたことになります。

空海が追求した大日如来を本尊とする真言密教。空海の都での拠点東寺に因んで東密と呼ばれています。その東密では、孔雀経法を雑部密教（雑密《ぞうみつ》）と呼んでいます。

空海に教えを請いつつ、最澄が比叡山で修得した天台密教は台密《たいみつ》と呼ばれています。

葛城《かつらぎの》襲津彦《そつひこ》

役行者が生まれ育った葛木山周辺の豪族の祖は葛城襲津彦。日本書紀には三八四年に新羅に派遣されたと記されています。

その娘、磐之媛《いわのひめ》は仁徳天皇の皇后となり、その子供達から履中《りちゅう》・反正《はんぜい》・允恭《いんぎょう》という三代の天皇を輩出。

つまり、役行者は皇統に纏《まつ》わる系譜と因縁があったことになります。加えて、仏教の国家管理が徐々に進む中で、山岳修行を行う修験者や私度僧は朝廷の監視対象であったことが、験力と名声を高めていた役行者の捕縛につながったようです。

霊異記の一言主大神は、役行者捕縛の契機となった讒言《ざんげん》の主、韓国連広足《からくにのむらじひろたり》に擬せられています。

伊豆配流となった役行者は、夜になると富士山に飛んで修行。やがては唐に渡ったとも言われています。唐では、法相宗の僧、道昭《どうしょう》の前に現れ、「三年に一度日本に行き、金峯山、葛木山、富士山を登拝する」と告げたそうです。役行者の超人伝説は今も語り継がれています。

役行者と同時期の山岳修行者であった行基（六六八年～七四九年）。役行者とは対照的に、やがて朝廷の中心で活躍し、大仏建立勧進聖《かんじんひじり》となります。次は、行基についてお伝えします。

九　大仏建立勧進聖

道昭《どうしょう》

奈良時代の山岳修行者の二大巨頭である役行者と行基。役行者は伊豆配流の身となった一方、行基は日本初の大僧正となります。

六六八年、行基は河内国大鳥郡（のちの和泉国、現在の大阪府堺市）で誕生。父も母も百済系渡来人の家系です。

六八二年、飛鳥の大官大寺《だいかんだいじ》で得度して出家。

六九一年、葛木山（金剛山）の高宮寺（現在の奈良県御所市）で徳光禅師を戒師として受戒。葛木山や高宮寺周辺は役行者の活動拠点。行基と役行者の接点が感じられる地縁です。

当時、唐で三蔵法師玄奘に教えを受けた道昭が帰国して飛鳥寺に在住。六九二年、行基は道昭に師事しました。

道昭は京都の宇治橋を建設。行基が数多くの土木工事を手がけたことは、道昭の弟子となったことと関係があるようです。

家原寺《えばらじ》

受戒後の行基は生駒山地で山岳修行に入り、やがて山を下りて布教活動を始めました。七〇四年、生家に家原寺を興した後、畿内全域で寺の創建に腐心。最終的には四十九院《しじゅうくいん》と呼ばれる多数の寺を建立しました。

行基の下に集まった僧尼や民衆は布施屋《ふせや》という道場に住み、墾田を行い、橋・道・港・溜池などを建設。菩薩行（利他行）、すなわち衆生救済の実践を重ねました。言わば社会事業です。

七一〇年、平城京遷都。中央集権の律令国家を目指した朝廷は、僧尼令によって僧尼の布教活動を監視します。布教活動が民衆の扇動につながることを恐れたからです。

七一七年、元正天皇の詔《みことのり》で行基は僧尼令違反として名指しで批判されます。曰く「僧尼は寺で仏道を教えるもの。小僧行基とその弟子たちは、街でみだりに罪福を説く」。

僧尼令の違反者は還俗《げんぞく》が義務。しかし、行基の社会活動には朝廷も一目置かざるを得ず、結局行基は還俗しませんでした。

聖武天皇《しょうむ》行幸《ぎょうこう》

七三〇年、朝廷は行基に師事する修行者に得度を許します。

七三六年、入唐僧や遣唐使の要請で来日したインド僧の菩提僊那《ぼだいせんな》（ボーディセンナ）、ベトナム僧の仏哲《ぶってつ》らを行基が平城京に迎え入れ、大安寺を提供。菩提僊那は、後に東大寺大仏開眼供養の導師を務めます。

七三八年、行基は朝廷より大徳の称号を与えられます。

七四一年、聖武天皇が京都山背《やましろ》の泉橋院という行基の布施屋に行幸。為奈野《いなの》（現在の兵庫県伊丹市周辺）の地を与え、身寄りのない人々のための給孤独園《きつこどくおん》という施設の建設を許可。天皇行幸で行基の地位は揺るぎないものになったと言えます。

行基年譜（一一七五年編纂）によれば、行基の社会事業は「架橋六所、直道一所、池十五所、溝五所、樋三所、船息二所、堀四所、布施屋九所」に及んだと記されています。

七四三年、聖武天皇が大仏（盧舎那仏《るしゃなぶつ》）建立を発願。行基は勧進聖《かんじんひじり》を命じられ、多くの弟子を率いて活躍します。七四五年、七十七歳の行基はついに初の大僧正に任じられます。

十　行基の晩年

東大寺大仏

七四三年、聖武《しょうむ》天皇は大仏建立を発願。行基は大仏建立勧進聖《かんじんひじり》を命じられます。

もともとは現在の滋賀県信楽町近くの紫香楽宮《しがらきのみや》で始まった大仏建立。放火などの妨害に遭って、場所の変更を余儀なくされました。

最終的に選ばれた場所が平城京の東側。現在の東大寺大仏殿です。

行基は多くの弟子を率いて東奔西走。平安時代の東大寺要録に基づく専門家の調査によれば、延べ二六〇万人が建立に関わり、大仏と大仏殿の建立費用は現在の価値で約五千億円と推計されています。

大仏師は国中連公麻呂《くになかのむらじきみまろ》、鋳師は高市大国《たけちのおおくに》、高市真麻呂《たけちのままろ》。いずれも行基の人脈により集められました。

大仏開眼供養会《くようえ》

七四五年、行基は日本初の大僧正に任じられます。

しかし、大仏完成前の七四九年、活動拠点の菅原寺（喜光寺）で逝去。八十一歳でした。行基は弟子たちに火葬され、竹林寺（奈良県生駒市）に埋葬されました。

七五二年、大仏開眼供養会には行基の弟子景静が都講《とこう》（責任者）となり、開眼導師はインド僧、菩提僊那《ぼだいせんな》が務めました。

開眼供養会には、聖武太上天皇（既に譲位）、光明皇太后、孝謙天皇をはじめ、一万数千人が参加したと記録されています。

大仏と大仏殿は一一八〇年と一五六七年に二度焼失。現存のものは一六九一年建立の三代目です。

善悪現報《ぜんあくげんぽう》

行基が墾田や橋・道・港・溜池の建設など、多くの社会事業を行ったのは、その教えと関係しています。

善悪現報を説いて、懺悔、贖罪、積善《しゃくぜん》を勧め、貧困や争いのない世の中を目指し、自己の研鑽と具体的な貢献を求めました。

布施屋に集まり活動した僧尼や民衆は、善因《ぜんいん》に対する善報《ぜんぽう》を実感し、行基の下に集まった人は数万人と言われています。

行基はそのほかにも様々な社会活動を行いました。全国を行脚し、最初の日本地図を作ったことでも知られています。

修験道

山岳修行を行う修験道は日本古来の民俗信仰。自然に宿る八百万神《やおよろずのかみ》を敬い、験力を得るための修行です。神道や道教にも通じ、やがては仏教、とりわけ密教との関係も深まります。

役行者と行基も山岳修行者。葛木山を開きました。この時代、ほかにも多くの修験者が修行場を開山。

白山《はくさん》の泰澄《たいちょう》（六八二～七六七年）、箱根山の万巻《まんがん》（七二〇～八一六年）、日光山の勝道《しょうどう》（七三五～八一

七年)、出羽三山の能除《のうじょ》(生没年不詳)、英彦山《ひこさん》の法蓮(生没年不詳)などです。

授戒の作法

最澄・空海に至る飛鳥・奈良時代の仏教の中で、役行者と行基に加えて、もうひとり忘れてはならないのが鑑真《がんじん》。日本に授戒の作法を伝えました。次は、鑑真来日についてお伝えします。

十一 鑑真来日

天台宗と律宗

六八八年、唐の揚州で生まれた鑑真。当時の唐は、高宗の皇后であった則天武后の全盛期です。七〇一年、十三歳の時に揚州大雲寺で出家。七〇一年の日本は大宝元年。唐に対して日本という国号を初めて使った年です。

七〇八年、二十歳になった鑑真は、長安の実際寺で具足戒《ぐそくかい》を受けます。具足戒とは出家した僧尼が守るべき戒律。僧に対して二百五十、尼に対して三百四十八と言われています。

栄叡《ようえい》と普照《ふしょう》

そののちの鑑真は、隋代に大成した天台宗と唐代に興った律宗(戒律の学)を究めます。

七三三年、日本の留学僧、栄叡《ようえい》と普照《ふしょう》が遣唐使船で入唐。日本は聖武天皇の時代。朝廷が行基の布教活動と行基による弟子の得度を認めた頃です。

日本では僧尼も在家信者も急増。しかし、仏教の教義や戒律の理解が十分とは言えない状況でした。

そこで、朝廷は唐から戒律の師を招くことを計画。栄叡と普照はその命を受けての入唐でした。

当時、鑑真は四十五歳。華中、華南では鑑真ほど戒

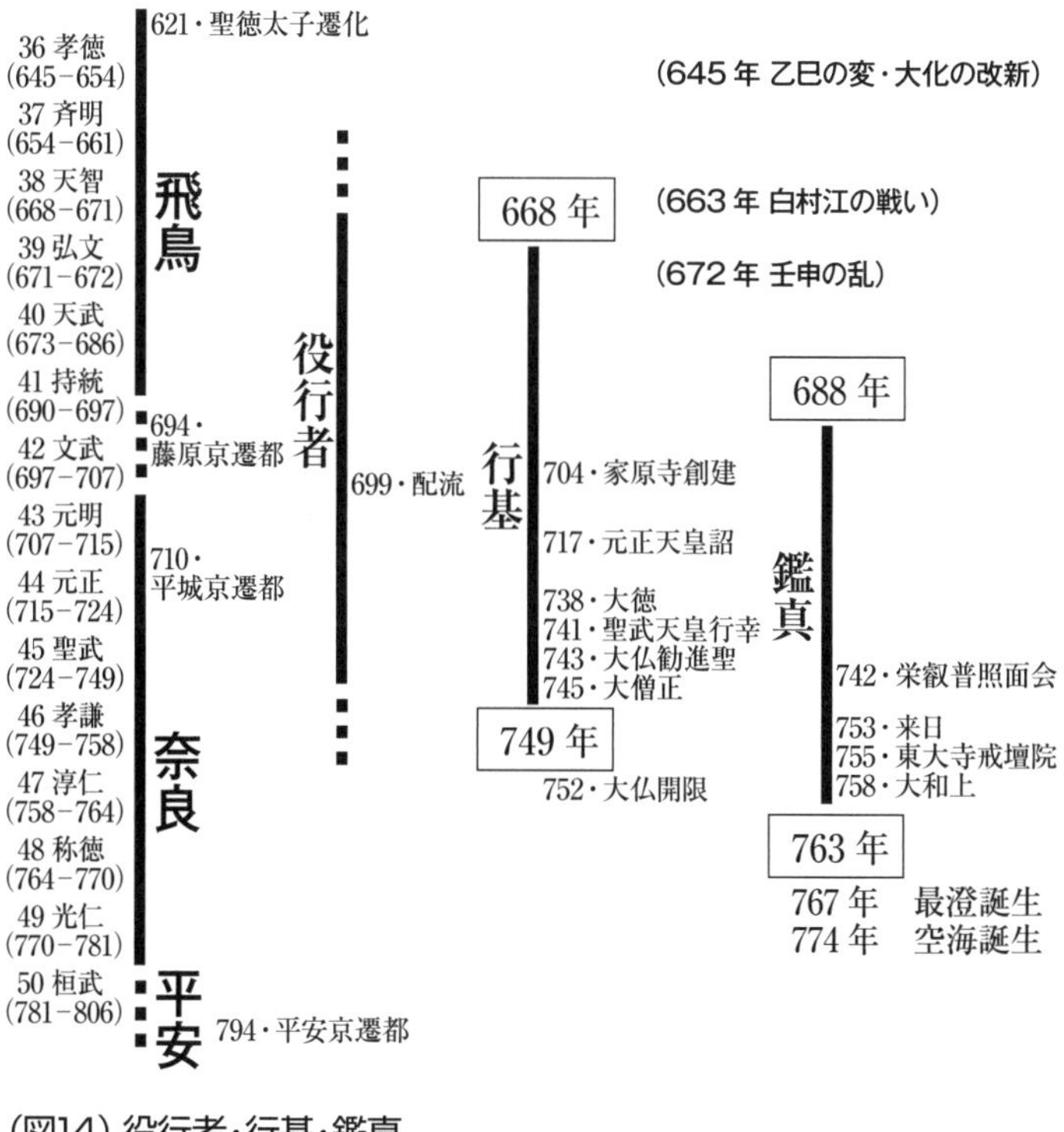

(図14) 役行者・行基・鑑真

律に優れた人はいないと言われていました。

その評判を聞いた栄叡と普照。入唐から九年を経た七四二年、揚州大明寺でようやく鑑真と面会。栄叡と普照は鑑真に来日を要請します。鑑真は既に五十四歳になっていました。

苦難の来日

当時の唐では、天台宗の祖師のひとり、慧思《えし》が日本の王子に転生し、仏法を説いたという伝説が流布していました。その王子とは、聖徳太子のことです。

鑑真も日本に対して良い印象を抱いており、栄叡と普照の招請にどのように応じるか思案しました。

既に齢《よわい》五十代半ばの鑑真は年齢的に日本に渡ることを躊躇《ちゅうちょ》。そこで、弟子たちに日本に渡る意思がないか尋ねました。

しかし応じる者はなく、結局自ら日本に渡ることを決意。弟子の祥彦《しょうげん》が鑑真を止めるものの、ついに渡航を決行。

無断出国は唐の国禁。鑑真は七四三年に二回、七四四年にも二回、七四八年に一回、都合五回の渡航を試みるものの、密告や悪天候によっていずれも失敗。

七五〇年、六十二歳の鑑真は失明。弟子の祥彦や栄叡にも先立たれます。

それでも日本に渡ることを諦めない鑑真。七五三年、六十五歳の鑑真は六回目の渡航でとうとう秋津野浦《あきめやのうら》（鹿児島県）に漂着。太宰府を経て、七五四年、平城京に到着しました。

東大寺戒壇院

朝廷に歓待を受けた鑑真。やがて、東大寺大仏の前に設けた戒壇で聖武上皇、光明皇太后、孝謙天皇らに授戒。日本での活動が始まりました。

鑑真が日本に伝えたのは、戒律を授ける師僧三人、証人僧七人の十人からなる授戒の作法。七五五年、東大寺戒壇院が完成し、いよいよ日本でも戒律を守る僧が正式に誕生する環境が整いました。鑑真六十七歳のことです。

次は、鑑真が建立する唐招提寺についてです。もっとも、その背景には複雑な事情もあったようです。

十二　唐招提寺

大和上《だいわじょう》

東大寺戒壇院を完成させてから三年後の七五八年、朝廷は鑑真に大和上の号を下賜。鑑真七十歳のことです。

当時の僧尼は戒律を守るという意識は低く、授戒の作法についても良く知らなかったと言われています。

仏教や僧尼を管理することに腐心していた朝廷。鑑真がもたらした戒壇院と授戒の作法は、朝廷にとって待望の管理手段でした。

鑑真は仏法の普及に腐心。戒律を厳しく守るのであれば、ひとりでも多くの僧尼を育てたいとの思いです。一方、朝廷は納税義務のない僧尼や寺院の数が増えることを快く思っていなかったようです。

唐招提寺

鑑真は僧尼にとっては有難くも煙たい存在。朝廷にとっては、戒律や授戒の作法は有難いものの、鑑真が多くの僧尼を育てることには後ろ向きという複雑な状況でした。

七五九年、平城京の中心の新田部《にたべ》親王の旧邸地が下賜され、わが国初の律寺《りつじ》（戒律を重んじる律宗の寺）である唐招提寺が鑑真のために建立されました。

その背景には、厳しい戒律の実践を求め、多くの僧尼を育成しようとする鑑真には、唐招提寺に籠もっていてほしいという朝廷や仏教界の輻輳《ふくそう》した思いがあったと言われています。

日本三戒壇

鑑真が唐で修めていたのは天台宗と律宗。

天台宗は慧思《えじ》に師事した智顗《ちぎ》が集大成した教学。それを日本に伝えたのが鑑真。後に最澄が日本の天台宗の祖師となったのも、鑑真が唐からもたらした天台典籍があったからこそです。もうひとつの律宗。戒律に関する教学であり、授戒を行う戒壇院の理論的裏づけと言えます。

鑑真のもたらした律宗によって、東大寺戒壇院、下野《しもつけ》薬師寺、筑紫観世音寺という日本三戒壇が設けられます。その東大寺戒壇院で授戒を受けたのが空海。七九七年あるいは八〇五年のことと言われています。

三戒壇に代わる新たな戒壇を比叡山に作ろうとしたのが最澄。実現したのは最澄が亡くなって一週間後、八二二年のことでした。

身命を惜しまず

七六三年、鑑真は唐招提寺で結跏趺坐《けっかふざ》して入滅します。七十五歳でした。

奈良時代の文人、淡海三船《おうみのみふね》（七二二～七八五年）は、七七九年、鑑真の偉業を伝える唐大和上《とうだいわじょう》東征伝《とうせいでん》を著します。

日本へ渡って戒律を伝えることを弟子たちが渋った折の鑑真の言葉を、東征伝は次のように伝えています。

曰く「是れ法の為の事なり。何ぞ身命《しんみょう》を惜しまんや。諸人行かざれば、我則ち去《い》くのみ」。

天台宗の重んじる法華経の中に何度も「身命を惜しまず」との記述が出てくることを想起します。

鑑真は舎利三千粒《しゃりさんぜんりゅう》（たくさんのお釈迦様の骨）を日本に伝え、多くの寺院に仏舎利が渡りました。また、授受戒の作法を伝えるために多くの経典、仏像、法具等をもたらしたほか、漢方薬、寺大工なども日本に伝えました。

最澄と空海

鑑真没後三年、七六七年に最澄が誕生。さらに、七年後の七七四年、空海が誕生します。

ここまでで、お釈迦様の生涯と仏教誕生、仏教伝来、聖徳太子の生涯、飛鳥・奈良時代の仏教をお伝えしてきました。次章は、いよいよ最澄と空海です。

第五章　最澄と空海

役行者、行基、鑑真らによってかたちづくられていった古代日本の仏教。奈良時代には宗派が確立し、やがて都の中心的な宗派は南都六宗と呼ばれるようになります。

権威を得た南都六宗は、その一方で権力と癒着し、腐敗していきます。都は荒み、人々は困窮。そんな時代に登場するのが最澄と空海です。

（図15）最澄と空海の生涯（年表）

	〈天皇〉	〈最澄〉	〈空海〉
767	称徳（764〜）	767 広野誕生（近江国）	
770	光仁		
774			774 真魚誕生（讃岐国）
779		779（13）出家（近江国国分寺）	
780		780（14）得度（最澄に改名）	
781	桓武		
784	（長岡京遷都）		
785		785（19）受戒 出奔（比叡山へ）	
788		788（22）小堂開創（のちの延暦寺）	
789			789（15）長岡京大学入学
792			792（18）出奔（行方不明）
794	（平安京遷都）		
797		797（31）内供奉十禅師	
798		798（32）法華経講義	798（24）三教指帰執筆
801		801（35）法華十講（高尾山神護寺）	
802		802（36）天台講義	802（28）受戒（797年説もあり）
803		803（37）遣唐使船難破	803（29）遣唐使船難破
804		804（38）遣唐使船が唐に漂着	804（30）遣唐使船が唐に漂着 12月23日 長安到着
805		805（39）帰国	805（31）5月恵果和尚に面会（青龍寺） 8月恵果和尚の下で結縁灌頂 12月15日 恵果和尚入寂

806	平城	806（40）年分度者認定	806（32）帰国 大宰府観世音寺に足止め
809	嵯峨		809（35）入京許可（高尾山神護寺へ）
810			810（36）嵯峨天皇帰依
811			811（37）乙訓寺別当任命
812			812（38）高尾灌頂（11月と12月）
813		813（47）依憑天台宗執筆	
816			816（42）高野山下賜
817		817（51）徳一論争	
818		818（52）比叡山大乗戒壇院創設宣言 山家学生式執筆	818（44）高野山入開山
819		819（53）比叡山大乗戒壇院許可されず	819（45）高野山伽藍建設開始
820		820（54）顕戒論執筆	
821			821（47）満濃池修築
822		822（56）6月4日入滅	822（48）東大寺灌頂道場真言院創設
823	淳和		823（49）東寺下賜
824			824（50）造東寺別当任命
828			828（54）綜芸種智院創設
830			830（56）十住心論・秘蔵宝鑰執筆
831			831（57）最澄高弟師事
832			832（58）万燈会
833	仁明（～850）		
835			835（61）3月21日入定

※網掛け部分は、最澄と空海の交流時期

一　南都六宗

聖武《しょうむ》天皇

壬申の乱（六七二年）を経て天智天皇を継承した天武天皇。その後は、持統（天武天皇の皇后）、文武、元明と続きました。

その間、都も近江国の大津宮（天智）、大和国の飛鳥浄御原宮《あすかのきよみはらのみや》（天武）、藤原京（持統・文武）、平城京（元明）と変遷。平城京遷都（七一〇年）が奈良時代の始まりです。

元明天皇の次は元正《げんしょう》天皇。いずれも女帝でしたが、その次に男帝の聖武《しょうむ》天皇が即位。

奈良時代は聖武天皇（在位七二四～七四九年）の頃が最盛期。最澄（七六六～八二二年）と空海（七七四～八三五年）が生まれる少し前のことです。前章でお伝えした役行者、行基、鑑真が活躍した時代でした。

国分寺・国分尼寺

唐に対して初めて日本という国号が使われたのは七〇一年。奈良時代は国家の体裁と体制が整えられつつあった時期ですが、聖武天皇はとりわけ中央集権的な体制づくりに腐心しました。

仏教に対しても例外ではなく、全国に国分寺・国分尼寺をつくり、各地の豪族を帰依させて管理体制を強化しようとしました。

平城京には総国分寺として東大寺を創設。そして、その象徴として大仏建立を計画し、その責任者（勧進聖《かんじんひじり》）に行基が任命されました。

大仏開眼（七五二年）の翌年、正しい戒律を伝えるために、苦難の末に来日したのが鑑真です。僧尼が守るべき戒律を授けることを授戒、授かることを受戒、授受戒のための施設を戒壇院と言います。

当時の日本には授戒のできる僧がおらず、戒壇院もありませんでした。鑑真が東大寺に戒壇院をつくり、正式の授受戒が始まりました。

南都六宗

当時の平城京には、南都六宗という六つの宗派がありました。三論宗《さんろんしゅう》、法相宗《ほっそうしゅう》、華厳宗《けごんしゅう》、律宗《りっしゅう》、成実宗《じょうじつしゅう》、倶舎宗《くしゃしゅう》の六つです。

いずれも朝廷公認であり、言わば国家仏教。宗派の依拠する経典の内容を学ぶ学問仏教（教義仏教）であり、東大寺を拠点に活動していました。

国家仏教として保護を受けていたことが、僧尼の緩みと堕落につながったほか、南都六宗は政治とも深く関わるようになります。

そうした流れの中で発生したのが道鏡《どうきょう》事件。僧の道鏡は女帝の称徳《しょうとく》天皇（在位七六四～七七〇年）と親しい仲となり、自ら皇位に就くことを意識したと言われています。結局、道鏡は和気清麻呂《わけのきよまろ》らによって粛清《しゅくせい》されました。

桓武天皇

称徳天皇の次は光仁天皇（在位七七〇～七八一年）、その次は桓武天皇（同七八一～八〇六年）。最澄の後ろ盾となった天皇です。

桓武天皇は、腐敗した奈良仏教と一線を画すために長岡京遷都（七八四年）を断行。ところが、遷都責任者の藤原種継《ふじわらのたねつぐ》が暗殺され、犯人の嫌疑をかけられた天皇の弟の早良《さわら》親王も抗議の断食の末に逝去。

桓武天皇の周りには不吉なことが頻発したことから、和気清麻呂の進言を受け入れて平安京遷都（七九四年）。以後、平安時代に入ります。

そんな時期に最澄と空海は幼少時代を送りました。

称徳期に生まれた最澄、光仁期に生まれた空海。次に、それぞれの幼少時代をお伝えします。

二　最澄と空海の幼少時代

広野《ひろの》から最澄へ

七六七年八月十八日、最澄は琵琶湖畔の比叡山麓、近江国の坂本で誕生。両親は、土地の豪族である三津首《みつのおびと》百枝《もも》と藤子。幼少時代の名前は広野と言います。七六六年生まれという説もありますが、七六七年生まれ、空海とは七歳違いとして筆を進めます。

広野は神童の誉れ高く、七七九年、十二歳の時に出家。大国師《だいこくし》行表《ぎょうひょう》の弟子となり、近江国分寺で修行生活に入ります。当時は僧になって官職に就くことが立身出世の途と考えられていました。

七八〇年、十三歳の時に得度。名を最澄に改めます。

七八四年、桓武天皇が長岡京遷都。腐敗した奈良を離れ、新都建設を決意。そんな時代の中で最澄を襲名したのです。

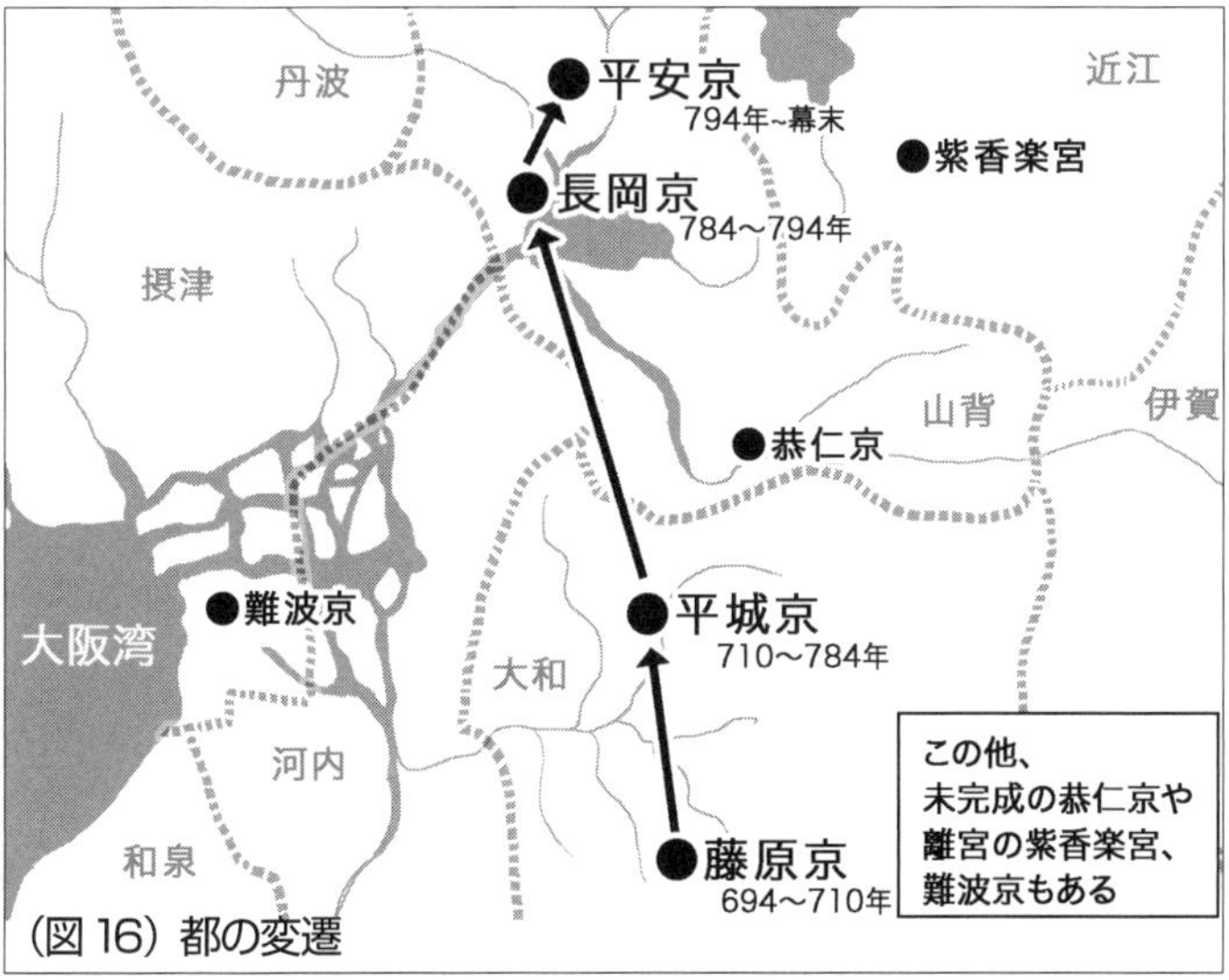

(図16) 都の変遷

長岡京遷都の翌七八五年四月六日、最澄は東大寺で正式な具足戒《ぐそくかい》（僧の守るべき戒律）を受戒。国家公認の僧となりました。

比叡山への山籠

当時の奈良（平城京）は、遷都（七一〇年）以来七十五年を経て、腐敗と貧困で荒んでいました。来朝した外国人（知識人や僧）の助力で寺や大仏、都市を建設したものの、財政は悪化、街には疫病と貧困が蔓延。民衆は苦悩に喘《あえ》いでいました。

また、称徳《しょうとく》天皇（在位七六四〜七七〇年）の時には道鏡事件も発生するなど、国家仏教の南都六宗も腐敗していました。

南都六宗は事態打開を企図した桓武天皇の長岡京遷都にも抵抗。遷都責任者の藤原種継《たねつぐ》の暗殺や、暗殺の嫌疑をかけられた早良《さわら》親王の断食自殺の背後でも南都六宗が暗躍していたと言われています。

そうした中で僧となった最澄。平城京と南都六宗の腐敗に失望した最澄は、七八五年七月十七日に出奔。故郷の比叡山に籠り、草庵を建てて山岳修行に入ります。

当時の比叡山は山岳修行者（修験者）が彷徨《さまよ》う未開の荒山。俗世を離れた最澄は一心に修行に打ち込みます。

真魚《まお》から無空《むくう》へ

一方、最澄に遅れること七年、七七四年六月十五日、空海は讃岐国の豪族、佐伯氏の三男として誕生。故郷は四国霊場七十五番札所の五岳山誕生院善通寺の近く。現在の屏風ヶ浦です。父方の佐伯氏は国司（武人）、母方の阿刀《あと》氏は漢学者、儒学者の家系。幼名は真魚《まお》。兄二人が早逝したため、真魚は三男ながら佐伯家の跡取りとして育てられました。

最澄と同様、空海も神童の誉れ高く、七八九年、十五歳で長岡京に上京。母方の伯父、阿刀大足《あとのおおたり》に師事して漢学を学び、七九二年、十八歳で大学に入学しました。

当時の大学は長岡京に一校あるのみ。家長の身分が従五位以上の子弟でなければ入学できない官吏養成の最高学府。真魚の前途は洋々だったと言えます。

ところが、真魚は立身出世を競い合う友人たちに空しさを感じて大学を去り、やはり最澄と同様に出奔。本当の生き方を求めて山岳修行に身を投じ、無空と名乗ります。

奇しくも、いずれも神童の誉れ高く、それぞれ立身出世の途を捨てて若くして出奔した最澄と空海。ふたりの数奇な運命はまだ交錯しません。次に、最澄と空海の青年時代をお送りします。

三　最澄と空海の青年時代

一乗止観院《いちじょうしかんいん》

七八五年、十八歳で比叡山に入山して山岳修行に励む最澄。鑑真が日本にもたらした天台大師智顗《ちぎ》の著書を読みふけり、願文《がんもん》と呼ばれる五つの誓いを書写。自分を律し、他人を助けるという菩薩道の決意文です。

やがて最澄のもとに仲間が集うようになり、七八八年、二十一歳の時に小堂を築き、自ら彫った薬師如来像を安置。これが、のちの一乗止観院、延暦寺に発展します。

それから六年後の七九四年、桓武天皇が平安京遷都を行います。都が比叡山に近づいてくるという幸運を契機に、最澄の飛躍が始まります。

比叡山は都の東北の鬼門に当たることから、一乗止観院は仏法力で都の鬼門を守る守護寺とされ、最澄と朝廷の関係が始まりました。

内供奉十禅師《ないぐぶじゅうぜんじ》

最澄の優秀さと厳しい修行振りは朝廷の知るところとなります。入山から十二年後の七九七年、和気氏の推薦によって最澄は内供奉十禅師を命じられます。最澄三十歳の時です。

内供奉十禅師の役割は、国家安泰を祈り、天皇に助言を行うこと。学徳兼備の僧の証である内供奉十禅師に任命されたことにより、最澄の地位が確立しました。最澄は比叡山と朝廷を往来する多忙な日々を過ごします。

七九八年、智顗の命日に比叡山で初めて法華経を講じます。

八〇一年、和気氏の要請で南都の高僧十六人を集め、和気氏の氏寺高雄山寺（神護寺）で法華十講（法華三大部講義）を行います。

八〇二年、同じく高雄山寺で天台講義を行い、桓武天皇に喜ばれます。天台法華宗を立宗した最澄の名声は広く世間に知られるようになりました。

三教指帰《さんごうしいき》

一方、山岳修行に入って放浪する真魚《まお》。当時は無空と名乗っていたようですが、本当の生き方を求める中で仏教に目覚めます。

無空は私度僧（得度を受けていない修行僧）となり、この頃から空海を名乗るようになりました。私度僧として修行後、後に空海は東大寺戒壇院で受戒。入唐直前に正式な僧侶となったと言われていますが、受戒の時期については七九七年説もあります。

当時の都、南都（奈良）の有力豪族は空海母方の家系につながる大伴氏。このことも東大寺で受戒するご縁になったようです。

七九八年、二十四歳の時に最初の著書、三教指帰《さんごうしいき》を執筆。人間としての覚りと社会の安寧《あんねい》を求める仏教の素晴らしさを説きました。

この著書は親族に対して書いたものと言われています。将来を期待されていた空海の出奔への批判に対し、「人間の覚りと社会の安寧を求める生き方がなぜ非難されなければならないのか」

という問いかけでした。

還学生《げんがくしょう》と留学生《るがくしょう》

八〇三年、遣唐使が派遣されることになり、最澄は短期間で帰国する還学生《げんがくしょう》（国費留学生）として随行し、唐の仏教を学んでくるように朝廷から命じられます。

一方の空海も密教を究めるために入唐を決意。二十年間帰国禁止の留学生《るがくしょう》（私費留学生）となりました。

最澄と空海は奇しくも同じ遣唐使船団の別々の船に乗って唐を目指します。ふたりの入唐は、その後と日本の仏教に大きな影響を与えることになります。

次はいよいよ最澄と空海の入唐です。

四　最澄と空海の入唐《にっとう》

第一船と第二船

八〇三年、奇しくも同じ遣唐使船団に乗船した最澄と空海。最澄は還学生《げんがくしょう》（国費留学生）、空海は留学生《るがくしょう》（私費留学生）です。

ところが、遣唐使船団は瀬戸内海であえなく難破。最澄は九州に渡って次船を待ちます。最澄は船を待つ間も唐や天竺（インド）の仏教知識を研究。滞在した香春社《かわらしゃ》などで布教活動も行います。

翌八〇四年、再編成された遣唐使船四隻が到着。最澄は第二船に乗船。第一船には空海が乗りました。時に最澄三十七歳、空海三十歳。最澄と空海はお互いに面識がなく、立場も異なり、航海中に交流することはなかったようです。

いよいよ肥前国田浦《たのうら》（現在の長崎県平戸市）から出航。しかし、再び嵐に遭って二隻が沈没。残ったのは最澄と空海の乗った二隻です。

どちらかでも沈没して亡くなっていれば、そののちの日本の仏教や社会は大きく変わっていたことでしょう。

円密禅戒《えんみつぜんかい》

最澄の乗った第二船は明州《めいしゅう》に漂着。最澄はさっそく活動を開始し、まず道邃《どうずい》に師事して天台教義

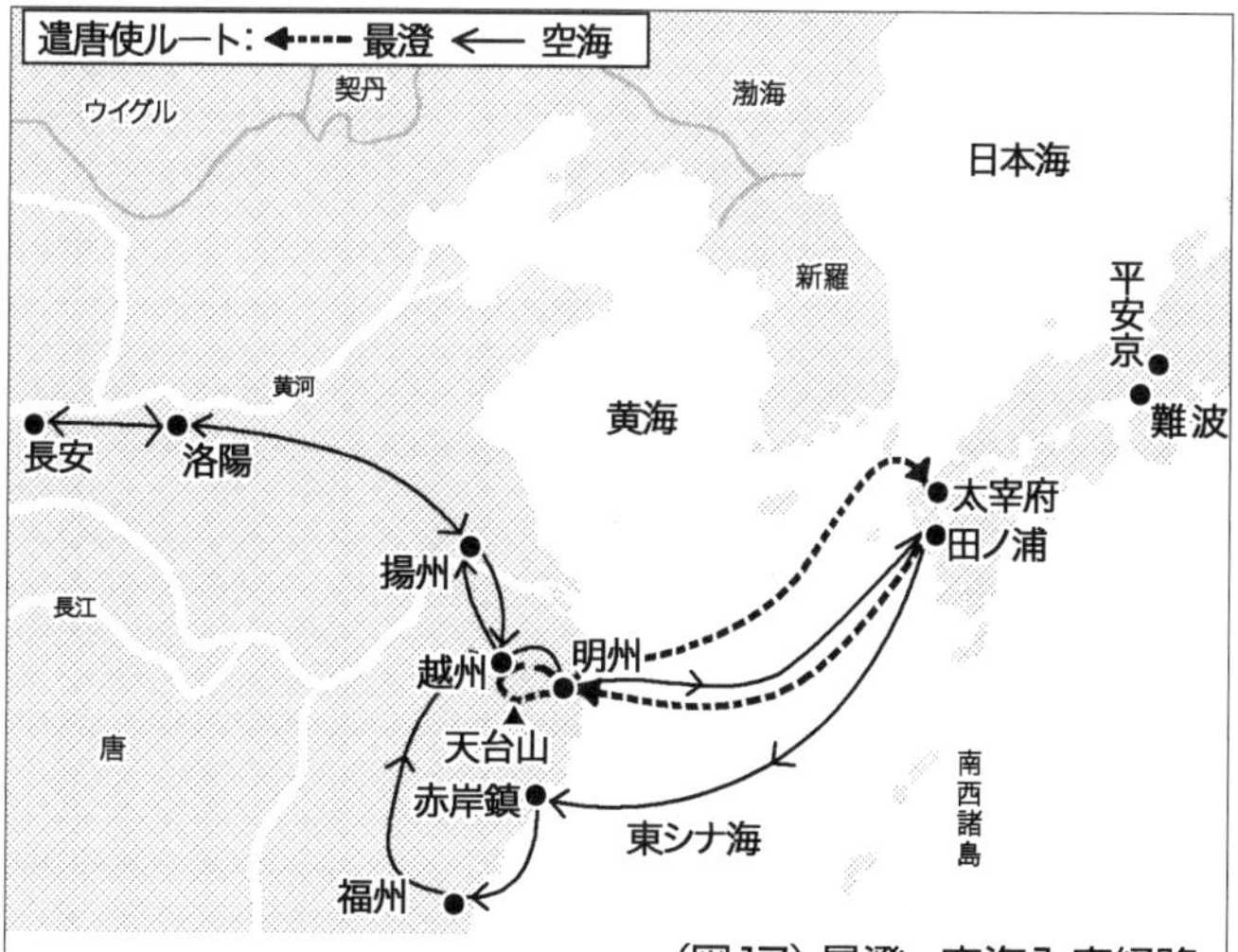

(図17) 最澄・空海入唐経路

と大乗戒律を修得。次に天台山に上り、行満《ぎょうまん》から天台教学を学びます。道邃と行満は天台宗を再興した湛然《たんねん》の弟子であったため、最澄は天台宗の正統を継承したことになります。

さらに、越州《えつしゅう》竜興寺《りゅうこうじ》で順暁《じゅんぎょう》から密教を、禅林寺の修然《しゅくねん》から禅を学びます。天台宗、密教、禅、戒律を学んだ最澄。円密禅戒は仏教の全てという意味。最澄は円密禅戒を受け継ぎ、わずか八か月半で帰国します。

日本三筆

一方、空海の第一船は海路をはずれて予定より南の福建省に漂着。現地の役人閻済美《えんさいび》に海賊と疑われ、一行は上陸を許されません。

途方に暮れた遣唐使の藤原葛野麻呂《ふじわらのかどのまろ》に代わり、空海が閻済美と筆談。ここで空海の漢学・漢詩の素養や後に日本三筆と讃えられる達筆が力を発揮。空海の文章に圧倒された閻済美は礼を尽くして一行の上陸を許します。

奇遇にも日本三筆のもうひとり、橘逸勢《たちばなのはやなり》も一行の一員。因みに最後のひとりは嵯峨天皇。橘逸勢も嵯峨天皇も後に空海の人生に大きく関わります。

青龍寺《せいりゅうじ》の恵果《けいか》和尚

空海一行は、中国大陸二千四百キロメートル、五十日間の南船北馬の旅の末、十二月二十三日に長安に到着。

翌八〇五年五月、密教の正統を継ぐ青龍寺の恵果和尚との面会がようやくかないます。驚いたことに恵果和尚は「おまえが来るのを待っていた」と言ったそうです。

恵果和尚は七人の高弟や千人を超える弟子を飛び越して空海に密教の奥義を伝授。八月、空海は結縁灌頂《けちえんかんじょう》を受け伝法阿闍梨遍照金剛《でんぽうあじゃりへんじょうこんごう》となりました。

恵果和尚は空海に曼荼羅、独鈷《とっこ》などの密教法具や奥義の全てを授け終わると、十二月十五日に入寂。

空海の長安到着からちょうど一年。わずか数か月の運命的な出会いです。空海と恵果和尚のこの接点がなければ、日本仏教の姿は大きく変わったことでしょう。

そして、帰国後数年経って最澄と空海の交流が始まります。次は、帰国後の最澄と空海についてです。

五　帰国後の最澄と空海

天台教学と密教

八〇五年、八か月半の唐滞在を終えて帰国した最澄。三十八歳のことです。最澄は唐から持ち帰った経典や法具等の御請来目録を朝廷に提出。最澄の後ろ盾となっていた桓武天皇は病床にありましたが、最澄の帰国を大いに喜びました。

唐での最澄は天台教学を中心に学び、帰国後は天台法華宗（天台宗）を立宗しました。僧が自ら覚ることを目指す小乗仏教に対し、天台宗は衆生救済を目指す大乗仏教です。

しかし、桓武天皇をはじめ朝廷が期待していたのは新しい密教に関する知識や法具。最澄は八か月半の唐滞在中に密教の大家に教えを受けることはかなわず、期待に応えられませんでした。

それでも、天皇の命により、不十分な内容ながらも密教儀式である灌頂《かんじょう》や祈祷を行わざるを得ず、最澄は苦しい思いをしていました。

年分度者《ねんぶんどしゃ》

日本への仏教公伝は五三八年。初期の頃は、教学や戒律を十分に理解していない僧尼が増加。納税義務のない僧尼や寺院の増加を抑制することは、朝廷にとって重要な課題でした。

そのため、平安京遷都や密教を中心とする新しい仏教を求める動きは、腐敗して政治に容喙《ようかい》するようになっていた奈良仏教と一線を画することが目的でした。

こうした中、朝廷は、出家して正式な僧尼になることのできる年分度者の人数、及び年分度者を育成することのできる僧の人数を制限していました。八〇六年、天台宗を立てた最澄は毎年二人の年分度者を認められ、宗派発展の礎を築きます。

ところが同年、桓武天皇が崩御。後ろ盾を失った最澄のそののちの人生は、必ずしも順風満帆と言えない展開になります。

高階遠成《たかしなのとおなり》の帰国船

一方の空海。八〇五年、長安で三か月間、密教の正統である恵果和尚から極意を学びました。同年八月、空海は恵果和尚から結縁灌頂《けちえんかんじょう》を受けて伝法阿闍梨遍照金剛《でんぽうあじゃりへんじょうこんごう》となり、それを見届けるように恵果和尚は十二月十五日に亡くなりました。空海と恵果。わずか数か月の実に運命的な師弟関係でした。

一刻も早く密教奥義を日本に伝えたい空海。しかし、留学生《るがくしょう》（私費留学生）の空海は本来二十年間帰国禁止。処罰を覚悟のうえで帰国を目指しますが、そもそも船が出航しなければ帰れません。

ところが翌八〇六年、桓武天皇が崩御。平城《へいぜい》天皇の即位に伴い、急遽、唐に来ていた判官高《たか》階遠成《しなのとおなり》の船が日本に向かうこととなりました。空海は高階遠成に事情を説明し、乗船を許されます。

帰国した空海は、京に向かう高階遠成に密教法具の請来目録を委ねます。

しかし、留学期間を勝手に短縮したことや、平城天皇が密教に関心を示さなかったことから、空海は太宰府（福岡県）観世音寺に足止め。空海三十二歳の時です。

同じ遣唐使船団で唐に渡った最澄と空海。航海途上や唐滞在中は接点のなかった二人ですが、いよいよ最澄と空海の交流が始まります。

六　最澄と空海の交流

大乗戒壇院

唐から帰国した最澄は、立宗した天台宗のもとで僧尼の教育養成制度の確立を目指します。当時の仏教行政の中心は僧綱《そうごう》という役所。東大寺を中心とする南都の高僧、役僧たちが運営していました。

官許の授受戒を行う戒壇院も、東大寺、薬師寺（下野）、観世音寺（太宰府）の三か所しかありませんでした。もちろん、中心は東大寺。

自らの覚りを優先する南都仏教に対して、衆生の救済（大乗）を目指す最澄。比叡山に大乗戒壇院を創設することを朝廷に嘆願しますが、南都の役僧たちの抵抗もあってなかなか実現しません。

八〇六年、折しも最澄の後ろ盾であった桓武天皇が崩御。最澄の願いは最澄存命中にはかなわないこととなります。

最澄直筆の御請来目録《ごしょうらいもくろく》

一方、最澄に遅れること一年。桓武天皇の崩御が契機となって、八〇六年に唐から帰国した空海。恵果和尚の正式な後継者、密教の正嫡として多くの経典や法具を持って帰国しました。しかし、留学生《るがくしょう》（私費留学生）としての二十年間の滞在義務を破って帰国した空海は入京を許されません。

そこで持ち帰った経典や法具の一覧を記した御請来目録《ごしょうらいもくろく》を京に向かう高階遠成《たかしなのとおなり》に託して朝廷に提出。最澄はこの目録を内供奉十禅師《ないぐぶじゅうぜんじ》（朝廷への助言役を務める学徳兼備の僧）として目にすることになります。

豊富な内容に驚いた最澄は、自身の参考にするために御請来目録を書き写します。現在国宝として残っているのは最澄直筆の書写分です。

嵯峨天皇

それから三年後の八〇九年、密教に関心を寄せず、空海の入京を許さなかった平城《へいぜい》天皇が崩御。嵯峨天皇が即位し、空海に運が巡ってきます。

嵯峨天皇の皇后は橘嘉智子《たちばなのかちこ》。空海と一緒に入唐した橘逸勢《たちばなのはやなり》の従兄妹《いとこ》です。空海の達筆を熟知していた橘逸勢。空海の達筆は、従兄妹の橘喜智子を通じて嵯峨天皇の知るところとなり、書道に通じた嵯峨天皇は早くから空海に一目置いていたと言われています。

その嵯峨天皇、橘逸勢、空海の三人は、やがて日本三筆と称されます。歴史の偶然は神秘に満ちています。

八〇九年、空海は嵯峨天皇によってようやく入京が許され、高雄山神護寺に滞在。空海、時に三十五歳です。

神護寺は最澄の施主（後ろ盾）和気《わけ》氏の氏寺。入唐前の最澄はここで天台講義を行っていました。空海から密教を学ぶためにこの寺に空海を招き、以後、最澄と空海の交流が始まります。

最澄から空海に宛てた二十三通の手紙が残っており、最初のものは八〇九年。十二部五十三巻の経典書物をお借りしたいという内容です。以後、二人は交流を重ねます。

八一〇年、空海に嵯峨天皇が帰依。空海三十六歳の時です。八一一年、空海は嵯峨天皇から大《だい》慈山乙訓寺《じさんおとくにでら》の別当（統括僧官）に任命され、以後、この寺に在住しました。

お互いに仏教を究めようとする求道者である最澄と空海。二人の交流は順調のように思えましたが、やがて袂《たもと》を分かつことになります。

次に、最澄と空海の訣別についてです。

七　最澄と空海の訣別

高尾灌頂《かんじょう》

八〇九年、空海は嵯峨天皇によってようやく入京を許されます。その後、最澄の招きで高雄山神護寺に滞在。神護寺は最澄の施主（後ろ盾）和気《わけ》氏の氏寺。ここから最澄と空海の交流が始まり、最澄は空海から密教の教えを受けます。八一二年、空海は十一月と十二月の二回、神護寺で最澄ら百四十五名に結縁灌頂《けちえんかんじょう》を行い、子弟関係を結びます。最澄四十五歳、空海三十八歳の時です。

この出来事は高雄灌頂と呼ばれ、灌頂の受者名を記した空海直筆の灌頂歴名は国宝に指定されています。

依憑天台宗《えひょうてんだいしゅう》と理趣釈経《りしゅしゃっきょう》

結縁灌頂が行われて以降、空海と最澄はさらに交流を深めていましたが、思わぬ展開となります。

八一三年、最澄は天台宗が仏教の中心と説く依憑天台宗という本を執筆。その中で真言宗の祖師のひとり、不空《ふくう》の教えを批判したと言われています。

その年の暮れ、最澄は不空の達意が盛り込まれた理趣釈経、つまり理趣経の解釈本の借用を空海に申し出ます。

しかし空海は「不空の教えを批判しながら、その達意を説く本の借用を願い出るとは納得できない。覚りは書物からではなく修行から得られる」として断りました。

筆受と修行

最澄も空海も仏教の教えを学ぶ真面目な求道者。最澄は天台宗、空海は真言宗から究めようとしました。

空海曰く「秘蔵の奥旨《おうし》は文を得ることを貴ばず。唯、心を以て心に伝ふるにあり。文は是れ糟《そう》粕《はく》、文は是れ瓦礫《がれき》なり」。

最澄曰く「新来の真言家、すなわち筆受の相承を亡ぼす」。

修行からの覚りを説く空海、筆受の伝統を重んじる最澄。究め方の違いから二人は別々の道を歩むことになります。求道者の信念と言うことでしょう。

最澄の命で、空海のもとで修行していた最澄の弟子泰範《たいはん》。その泰範が最澄のもとに帰らなかったことも二人の訣別の原因という説もありますが、真相は明らかではありません。泰範自身が比叡山に帰り辛い理由があったため、空海が最澄にその旨を伝えたという説もあります。

いずれにしても、経典の貸借や弟子を巡って二人が仲違いしたのではなく、求道者の信念から別々の道を歩んだと言うことでしょう。

徳一《とくいつ》との論争

理趣釈経を巡る一件を契機に、最澄は空海から密教の教えを授かることを断念しました。

密教を究めることで朝廷の理解を得て、比叡山に大乗戒壇院をつくることを企図していた最澄でしたが、以後はそれを諦め、奈良仏教との論争を通じて天台宗（大乗）の正当性を証明することに注力します。

八一七年、南都六宗のひとつである法相宗の高僧、東大寺の徳一との論争が始まります。最澄五十歳のことです。最澄と徳一の論争は、最澄が亡くなるまで続き、決着しませんでした。

高野山下賜と比叡山大乗戒壇院

一方、結縁灌頂や嵯峨天皇の帰依によって名声を得た空海。八一六年、空海は密教修行の道場として高野山下賜を嵯峨天皇に上奏。

まもなく下賜の勅許が下り、弟子の泰範《たいはん》、実慧《じちえ》が先に山に入り、開創準備に着手。二年後の八一八年、空海も山に入り、いよいよ高野山開山。空海四十四歳の時です。

同じく八一八年、最澄は比叡山での大乗戒壇院創設を強行します。次は、最澄の晩年についてです。

八　最澄の晩年

山家学生式《さんげがくしょうしき》と顕戒論《けんかいろん》

南都仏教との論争によって天台宗（大乗）の正当性を証明すること、比叡山に大乗戒壇院を設立すること。このふたつを晩年の目標と定めた最澄。

八一八年、比叡山に大乗戒壇の創設を宣言。しかし、朝廷や僧綱《そうごう》（僧尼を管理するための役所）は認めません。

同年、最澄は山家学生式をまとめます。天台宗僧侶の教育方針や戒律などを記した規則であり、四条式、六条式、八条式の三部の総称です。

当時の戒壇院は、東大寺、薬師寺（下野）、観世音寺（太宰府）の三か所のみ。最澄は天台宗には独自の戒壇院が必要であると主張し、論争を巻き起こしました。

八一九年、論争の末、僧綱に大乗戒壇院設立を拒否されます。

八二〇年、最澄は顕戒論を著します。大乗戒壇院設立の主張に対する僧綱や南都六宗の批判への反論であり、朝廷にも提出しました。大乗の思想をまとめ、新しい宗派の設立の正当性を朝廷に訴えたものでもあり、天台宗立宗の理論的根拠となりました。

大乗戒壇院開創勅許

同じ頃の空海。八一六年に嵯峨天皇から高野山を下賜されます。最澄が大乗戒壇院開創を巡って南都六宗と論争していた八一九年の夏頃から、高野山での本格的な伽藍建築が開始されました。

そして、最澄が亡くなる八二二年、空海は東大寺に灌頂道場真言院を開設。最澄とは対照的な動きとなっています。

最澄入滅は八二二年六月四日。五十五歳の生涯でした。

入滅直前に、嵯峨天皇から大乗戒壇院開創の勅許がようやく下りました。しかし、朝廷から勅許伝達の文書が届いたのは、亡くなってから七日後のことでした。

七歳違いの最澄と空海。それぞれ桓武天皇と嵯峨天皇を後ろ盾として、天台宗と真言宗を興した日本仏教の二大巨頭です。

この二人がいなければ、そののちの日本は、仏教のみならず、社会の様相も異なる姿となったことでしょう。

道心《どうしん》の中《うち》に衣食《えじき》あり

最澄の遺言は弟子の光定《こうじょう》が伝えています。曰く「道心の中に衣食あり、衣食の中に道心なし」。道を求める志があれば、衣食は自ずと何とかなる。一方、衣食を考えての行動からは志は生まれないことを諭しています。

また、次のようにも述べたそうです。曰く「わが為に仏を作る勿《なか》れ。わが為に経を写す勿れ。ただわが志を述べよ」。

最澄は弟子たちに物や儀礼で自らを弔うことを戒め、ただ一心に志を継ぐように諭しました。

一方の空海。八一八年、四十四歳の時に高野山を開山。以後、空海は数々の偉業を成し遂げます。八二一年には、空海の故郷、讃岐（香川県）の満濃池《まんのういけ》を修築します。空海四十七歳のことです。
次は空海の晩年についてです。

九　空海の晩年

満濃池《まんのういけ》

八二一年、空海四十七歳の時、故郷讃岐《さぬき》の郡司（役人）が朝廷に満濃池という溜池の堤防修築を願い出ました。堤防は三年前に決壊。技術、人手、資金が足りず、修築の見込みが立っていませんでした。

しかも、空海を築満濃池別当（監督官）に迎えたいとの申し出です。既に当代随一の知識人として高名をはせていた空海。唐で土木工事なども見聞して帰国。讃岐出身の高僧である空海が別当となれば、人も資金（寄附）も集まるとの目算でした。

朝廷は願い出を認め、太政官符を発して空海を讃岐に派遣。修築に国費も用意しました。空海は約三ヶ月で満濃池を見事に修築。満濃池は現在も使われています。

東寺《とうじ》

八二三年、空海四十九歳の折、嵯峨天皇が京都の東寺（教王護国寺）を真言密教の根本道場として空海に下賜。

嵯峨天皇はその直後に退位。淳和《じゅんな》天皇が即位しました。

東寺は平安京を護るために、遷都の二年後（七九六年）、南大門（羅城門）近くで建立が始まった官寺です。桓武天皇が発願し、平城・嵯峨・淳和天皇時代の三十年を経ても、伽藍は未完成。八二四年、空海は造東寺別当に任命され、伽藍完成に腐心しました。

修行場の高野山、都の拠点である東寺を得て、空海はますます宗教活動と社会貢献に邁進します。

綜芸種智院《しゅげいしゅちいん》

八二八年、藤原三守《ふじわらのみもり》という貴族が、東寺に隣接する私邸と敷地を、空海がかねてから構想していた庶民の学校に使ってほしいと申し出ました。空海は喜び、さっそく綜芸種智院を開学。空海五十四歳の時です。

綜芸種智院は誰でも自由に学べる日本初の庶民の学校。教育の機会均等、学問の自由、総合教育、完全給費制を導入。今日でも通用する先進的な学校教育制度を導入したと言えるでしょう。

十住心論《じゅうじゅうしんろん》と秘蔵宝鑰《ひぞうほうやく》

八三〇年、淳和天皇が仏教各宗派に対して、それぞれの教義をまとめて提出することを命じました。

空海は十住心論十巻と秘蔵宝鑰三巻を上進。五十六歳の時です。

空海の著作の内容に朝廷は感服。これを機に、奈良仏教に対する平安仏教の立場が確立。仏教は新しい時代に入りました。

八三一年、円澄《えんちょう》以下三十数名の最澄の高弟が、密教を学ぶことを望んでいた師の遺志を継ぎ、空海に師事。最澄入滅後、九年を経た出来事です。

入定《にゅうじょう》

八三二年、山奥のために難航した伽藍建築も一段落。空海は初めて高野山で法要を行います。一万の燈明と供花《くげ》を捧げ、人々の安寧を願う万燈会《まんどうえ》です。

十一月、空海は高野山での隠棲生活に入ります。五十八歳の時です。

八三五年、隠棲以来、滅多に下山しない空海が宮中での御修会《みしゅえ》に参会して国家安穏を祈願。最後の都入りでした。

高野山に戻った空海。終《つい》の棲家として、奥の院参道入り口「一の橋」から約二キロメートルの御廟《ごびょう》を自ら選びました。

三月二十一日、「五十六億七千万年後、弥勒菩薩とともに人々を救済するためにこの世に現れる」と遺告《ゆいごう》を残し、結跏趺坐《けっかふざ》して大日如来の定印《じょういん》を結んで入定。六十一歳でした。

次に、最澄と空海の諡号《しごう》（大師号）についてです。最澄と空海は、そののちの日本仏教に大きな影響を与える祖として敬愛され続けます。

十　最澄と空海の諡号《しごう》

諡号

大師号は、功徳のあった高僧に対し、朝廷（天皇）から贈られる諡号（尊称）のひとつです。諡号には、大師号のほかに法師号、国師号、禅師号などもあります。

意外なことに、大師号の始まりは、中国よりも日本の方が先と言われています。日本の最初の大師号は八六六年。一方、中国の公式な大諡号は八七〇年、唐の懿宗帝《いしゅうてい》が雲顥に三慧大師、僧徹に浄光大師を贈ったのが最初とされています。

しかし、隋の煬帝《ようだい》が智顗《ちぎ》に智者大師を贈った記録もあり、慣行としては古くから行われていたようです。

伝教大師と弘法大師

日本では、八六六年、清和天皇が最澄に伝教大師、円仁《えんにん》に慈覚大師を贈ったのが始まりです。八五七年、入定後二十二年を経て、文徳天皇が空海に大僧正の官位を追贈。八六四年、清和天皇が空海の徳を讃え、法印大和尚を追贈。そして、九二一年、醍醐天皇が弘法大師を追贈します。

入定から八十六年後のことでした。

弘法大師信仰

時の東寺長者（管長）の観賢《かんげん》僧正は、醍醐天皇から諡号とともに下賜された御法衣を持って高野山に上り、奥の院御廟を開扉。空海の法衣を改めました。

都に戻った観賢僧正は、東寺灌頂院《かんじょういん》において、毎月二十一日の空海の月命日に法要を行う御《み》影供《えく》を定例化しました。

空海の入寂を「入定《にゅうじょう》」と言うのは、空海は亡くなったのではなく、今も高野山の奥の院で覚りの境地に入って衆生（人々）を見守っている、空海は生きているという受け止め方を表しています。こうして、入定、弘法大師号、御影供という、弘法大師信仰の三要素が確立しました。

平安時代末期には、弘法大師信仰が篤くなり、東寺への参詣者が急増。東寺南大門前に一服一銭という茶屋が開かれました。御影供法要の毎月二十一日に大勢の人で賑わう「弘法さん」の縁日も、その頃に始まったようです。

台密と東密

平安時代は七九四年に桓武天皇が平安京に遷都してから、源頼朝が征夷大将軍に任じられて鎌倉幕府を開府する一一九二年までの約四百年間を指します。

その平安時代初期に登場した最澄と空海。それぞれ、多くの弟子を輩出しました。

円仁は最澄入寂（八二二年）後、その遺志を継いで円珍とともに入唐し、密教を修得。円仁と円珍はそれぞれ山門派と寺門派（三井寺＝園城寺《おんじょうじ》）の祖となりました。その後、円珍も智証大師を賜っています。

円仁と円珍は天台密教（台密）を完成させただけでなく、唐から浄土教、浄土思想を日本にもたらしました。

比叡山中興の祖と言われる良源（九一二〜九八五年）に師事した源信（九四二〜一〇一七年）は、観心略要集《かんじんりゃくようしゅう》、往生要集《おうじょうようしゅう》などを著し、浄土思想を広めました。その後、源信の後輩たちから現在のほとんど全ての宗派につながる宗祖が生まれることになります。

一方の空海の弟子たち。八三五年の空海入定後、金剛峯寺《こんごうぶじ》（高野山）は真然《しんねん》、東寺は実慧《じちえ》、神護寺は真済《しんぜい》が継承。

弟子たちの努力もあって空海の名声は高まり、弘法大師号の追贈につながりました。そして、真言密教（東密）は、今日まで脈々と法統・門統を伝えています。

中世以降の日本仏教の礎を築いた最澄と空海。次は、照千一隅《しょうせんいちぐう》（一隅を照らす）に代表される最澄の教えの一端をご紹介します。

十一　最澄の教え

照千一隅《しょうせんいちぐう》

最澄の偉業は、従来の奈良仏教（南都六宗）と一線を画し、比叡山に天台宗を立て、大乗の教えを説いたことです。当時の仏教界の常識からすれば、大改革、革命とも言うべきことでした。八一八年、大乗戒だけで授受戒する新しい法門（宗）を目指し、朝廷に提出したのが天台宗規則（山家学生式《さんげがくしょうしき》）です。

その冒頭に記されているのが「照千一隅」。曰く「一隅を照らさば、これ則ち国の宝なり」。最澄は、国を護り、衆生を救う僧の育成を目指していました。

「照千一隅」は、社会の中の一隅に光を与え、国を護り、衆生を救うことのできる僧であるならば、それは国の宝であるという意味です。

転じて現代でも、一隅を護る人、自分の仕事に努力する人であれば、誰でも国の宝になると解釈される場合もあります。

愚禿《ぐとく》

現代にも影響を与えている最澄の教えの含意。最澄の偉大さが伝わってきます。

七八五年、最澄が比叡山に籠もる際に書いた誓いの文である願文《がんもん》に曰く、「愚が中の極愚《ごくぐ》、狂《おう》が中の極狂《ごくおう》、塵禿《じんとく》の有情《うじょう》、底下《ていげ》の最澄」。猛烈に自省し、自己評価している一文です。

自分は愚かな者の中でも極めて愚か者であり、甚だしく修行の足りない者（狂）である。煩悩（塵《ちり》）にまみれた形だけの僧（禿）であり、自分は最低の人間であると卑下しています。

自分自身を謙虚なうえにも謙虚に評し、真摯に自己研鑽と修行に取り組む決意を表した一文です。誰にもそうした謙虚さが必要であることを諭しているように思えます。

のちに比叡山で修行した僧たちが今日に続く多くの宗派を生み出します。そのひとつである浄土真宗の祖、親鸞。最澄の願文から自分の名をとり、愚禿《ぐとく》と称していました。

忘己利他《もうこりた》

願文の中で最澄は五つの誓いを立てました。その第五は、自己研鑽と修行で得た功徳《くどく》を人々に施し、ともに覚りを目指すことを誓っています。

また、山家学生式では、悪いこと、凶事は全て自分が一身に引き受け、良いこと、好事は全て他人に回ることを願い、「忘己利他」を掲げています。曰く「己《おのれ》を忘れて他を利するは慈悲の極みなり」。

自己を忘れて、社会に尽くし、衆生の幸せを願うことこそ大乗の教え。他人に利益を与える「忘己利他」の精神は菩薩道に通じています。

社会貢献（照千一隅）、自己反省（愚禿）、慈悲（忘己利他）が最澄の教えの三本柱と言えます。

浄土思想

最澄の遺志は円仁や円珍が継ぎ、天台密教は最終的に安然《あんねん》（八四一～九一五年）が大成したと言われています。

比叡山中興の祖と言われるのが良源。その弟子源信は浄土思想を広め、そのことがのちの鎌倉六宗派、今日につながる多くの宗派の宗祖を生み出しました。最澄がいなければ、日本の仏教も社会も今とは大きく異なる姿となったでしょう。

次は、その最澄が一時は師事した空海の教えについてお伝えします。

十二　空海の教え

医王の目には皆薬なり

空海が厳しい修行の末に到達した境地を簡単に理解できるわけではありません。しかし、空海が残した言葉から、その境地を少しは感じることができるかもしれません。

例えば、宗派を超えて親しまれている般若心経を空海が解説した著作、八一八年の「般若心経秘鍵《ひけん》」では次のように述べています。

医王の目には途に触れて皆薬なり
解宝の人は鉱石を宝と見る
知ると知らざると何誰か罪過ぞ

優れた医者は道ばたの草も薬として活かす。宝石の専門家は、何げない原石から宝石を見つける。物事を理解できるかどうかは本人次第。このような意味だと思います。迷うも自分、覚るも自分。自分のことを見つめ直すのが仏法の教えということでしょう。

物の興廃は必ず人に由る

日本で初めての庶民の学校として空海が開創した綜芸種智院《しゅげいしゅちいん》。空海は自らが理想とする学校の精神を書き記しました。それが八二八年の「綜芸種智院式並序《しきならびにじょ》」。教育方針を述べた冒頭部分は次のようになっています。

物の興廃は必ず人に由る
人の昇沈は定めて道に在り

物事が盛んになるか廃れるかは、それに関わる人次第。人が何かに成功するか失敗するかは、その人の心構え次第。人の生き方を追求した空海らしい一文に感銘を受けます。

遠からざるは我が心なり

八二七年、淳和天皇の異母兄である伊予親王逝去に際し、供養のために次のような願文を撰述しました。

遠くして遠からざるは
即ち我が心なり
絶えて絶えざるは
是れ我が性なり

遠いと思っていても、意外に近いのが自分の心。縁を絶ったと思っていても、なかなか離れないのが自分の本性。何かにつけて、ことの原因は自分自身の心や本性。そのようなことを教え諭しているようです。

我が願いも尽きん

八三二年、晩年になって、空海は初めて高野山で法要を行いました。人々の安寧を願う万燈会《まんどうえ》です。その折の願文で次のように述べました。

虚空尽き衆生尽き
涅槃尽きなば
我が願いも尽きん

宇宙、人々、覚り。これらが全てなくなってしまえば、私の願いもなくなる。しかし、これらは無限、無尽に存在するので、私の願いも永遠に尽きない。

空海は、人々が自らの仏性に気づき、それぞれが安寧の境地に達することを願っていました。そのことが社会全体の平穏にもつながることから、空海は高野山奥の院御廟に結跏趺坐したまま、永遠に人々を導き続けています。

自省と内省

最澄と空海の遺した言葉から、自らの内面と向き合うこと（自省と内省）こそが仏教の本質ではないかと教えられます。お釈迦様の生涯から仏教の成り立ち、そして仏教伝来と日本仏教の歴史を旅してきましたが、次はいよいよ最終章。最澄・空海以後の仏教をお伝えします。

（仏説）摩《ま》訶《か》般《はん》若《にゃ》波《は》羅《ら》蜜《み》多《た》心《しん》経《ぎょう》

観《かん》自《じ》在《ざい》菩《ぼ》薩《さつ》　行《ぎょう》深《じん》般《はん》若《にゃ》波《は》羅《ら》蜜《み》多《た》時《じ》　照《しょう》見《けん》五《ご》蘊《うん》皆《かい》空《くう》　度《ど》一《いっ》切《さい》苦《く》厄《やく》　舎《しゃ》利《り》子《し》　色《しき》不《ふ》異《い》空《くう》　空《くう》不《ふ》異《い》色《しき》　色《しき》即《そく》是《ぜ》空《くう》　空《くう》即《そく》是《ぜ》色《しき》　受《じゅ》想《そう》行《ぎょう》識《しき》　亦《やく》復《ぶ》如《にょ》是《ぜ》　舎《しゃ》利《り》子《し》　是《ぜ》諸《しょ》法《ほう》空《くう》相《そう》　不《ふ》生《しょう》不《ふ》滅《めつ》　不《ふ》垢《く》不《ふ》浄《じょう》　不《ふ》増《ぞう》不《ふ》減《げん》　是《ぜ》故《こ》空《くう》中《ちゅう》　無《む》色《しき》無《む》受《じゅ》想《そう》行《ぎょう》識《しき》　無《む》眼《げん》耳《に》鼻《び》舌《ぜっ》身《しん》意《に》　無《む》色《しき》声《しょう》香《こう》味《み》触《そく》法《ほう》　無《む》眼《げん》界《かい》乃《ない》至《し》無《む》意《い》識《しき》界《かい》　無《む》無《む》明《みょう》亦《やく》無《む》無《む》明《みょう》尽《じん》　乃《ない》至《し》　無《む》老《ろう》死《し》亦《やく》無《む》老《ろう》死《し》尽《じん》　無《む》苦《く》集《しゅう》滅《めつ》道《どう》　無《む》智《ち》亦《やく》無《む》得《とく》　以《い》無《む》所《しょ》得《とく》故《こ》　菩《ぼ》提《だい》薩《さっ》埵《た》　依《え》般《はん》若《にゃ》波《は》羅《ら》蜜《み》多《た》故《こ》　心《しん》無《む》罣《けい》礙《げ》　無《む》罣《けい》礙《げ》故《こ》無《む》有《う》恐《く》怖《ふ》　遠《おん》離《り》一《いっ》切《さい》顛《てん》倒《どう》夢《む》想《そう》　究《く》竟《ぎょう》涅《ね》槃《はん》　三《さん》世《ぜ》諸《しょ》仏《ぶつ》　依《え》般《はん》若《にゃ》波《は》羅《ら》蜜《み》多《た》故《こ》　得《とく》阿《あ》耨《のく》多《た》羅《ら》三《さん》藐《みゃく》三《さん》菩《ぼ》提《だい》　故《こ》知《ち》般《はん》若《にゃ》波《は》羅《ら》蜜《み》多《た》　是《ぜ》大《だい》神《じん》呪《しゅ》　是《ぜ》大《だい》明《みょう》呪《しゅ》是《ぜ》無《む》上《じょう》呪《しゅ》　是《ぜ》無《む》等《とう》等《どう》呪《しゅ》　能《のう》除《じょ》一《いっ》切《さい》苦《く》　真《しん》実《じつ》不《ふ》虚《こ》　故《こ》説《せつ》般《はん》若《にゃ》波《は》羅《ら》蜜《み》多《た》呪《しゅ》即《そく》説《せつ》呪《しゅ》曰《わつ》　羯《ぎゃ》諦《てい》羯《ぎゃ》諦《てい》　波《は》羅《ら》羯《ぎゃ》諦《てい》　波《は》羅《ら》僧《そう》羯《ぎゃ》諦《てい》　菩《ぼう》提《じ》薩《そ》婆《わ》訶《か》　般若心経《はんにゃしんぎょう》

（玄奘三蔵の漢訳）

第六章　最澄・空海以後の仏教

平安時代初期に活躍した最澄と空海。平安時代末期には戦乱の時代を迎え、仏教は再び乱れます。

やがて、戦乱と貧困に嫌気した人々の心に訴える宗派が生まれます。鎌倉六宗派と呼ばれ、その後の近世、近代の仏教につながっていきます。

一　平安仏教の変遷

山法師、寺法師、奈良法師

最澄、空海は奈良時代末期から平安時代初期に活躍し、日本仏教の基礎を築いた双璧でした。しかし、平安時代末期（十二世紀）になると天皇の力が弱まり、摂関家の専横、荘園領主の台頭、武士（桓武平氏と清和源氏）の登場、法皇・上皇の院政など、権力構造の混迷により治世は混乱の様相を強めていました。

最澄、空海の後、朝廷や地方にも一段と浸透していった仏教でしたが、平安時代末期には仏教も乱れます。最澄の天台宗、空海の真言宗の系譜は続いていたものの、天台宗は山門派（比叡山延暦寺）と寺門派（三井寺《みいでら》＝園城寺《おんじょうじ》）に分かれて対立。それぞれの僧兵は山法師、寺法師と呼ばれ、興福寺僧兵の奈良法師とともに、権力闘争に介入し、暴れていました。

奈良時代末期、腐敗した南都（奈良）仏教を改めるために登場した最澄、空海の平安仏教。しかし、それも平安時代末期になり、朝廷や権力と結びついて再び退廃したということです。

保元の乱、平治の乱

平安時代末期、天皇と上皇が対立し、源平両軍が入り乱れた保元の乱（一一五六年）、天皇と源氏に対して平氏が対立した平治の乱（一一五九年）を経て、武士（平氏）が台頭します。

しかし、その平氏も壇ノ浦の戦い（一一八五年）で滅亡。一一九二年、源頼朝が鎌倉幕府を開いて鎌倉時代が始まります。

この時期の僧のひとりが歌人として高名な西行《さいぎょう》（一一一八～九〇年）。武士から出家し、鞍馬山や高野山に隠棲。讃岐国善通寺でも庵を結び、弘法大師の遺跡巡礼も行いました。

浄土思想

権力闘争に加担する寺や僧兵の狼藉に嫌気した民衆は、平安時代から鎌倉時代を通して、徐々に新しい仏教の素地を生み出します。

天台宗や真言宗という権威よりも、来世では誰でも成仏できるという浄土思想が拡がりました。

その端緒は空也《くうや》（九〇三～九七二年）まで遡ります。

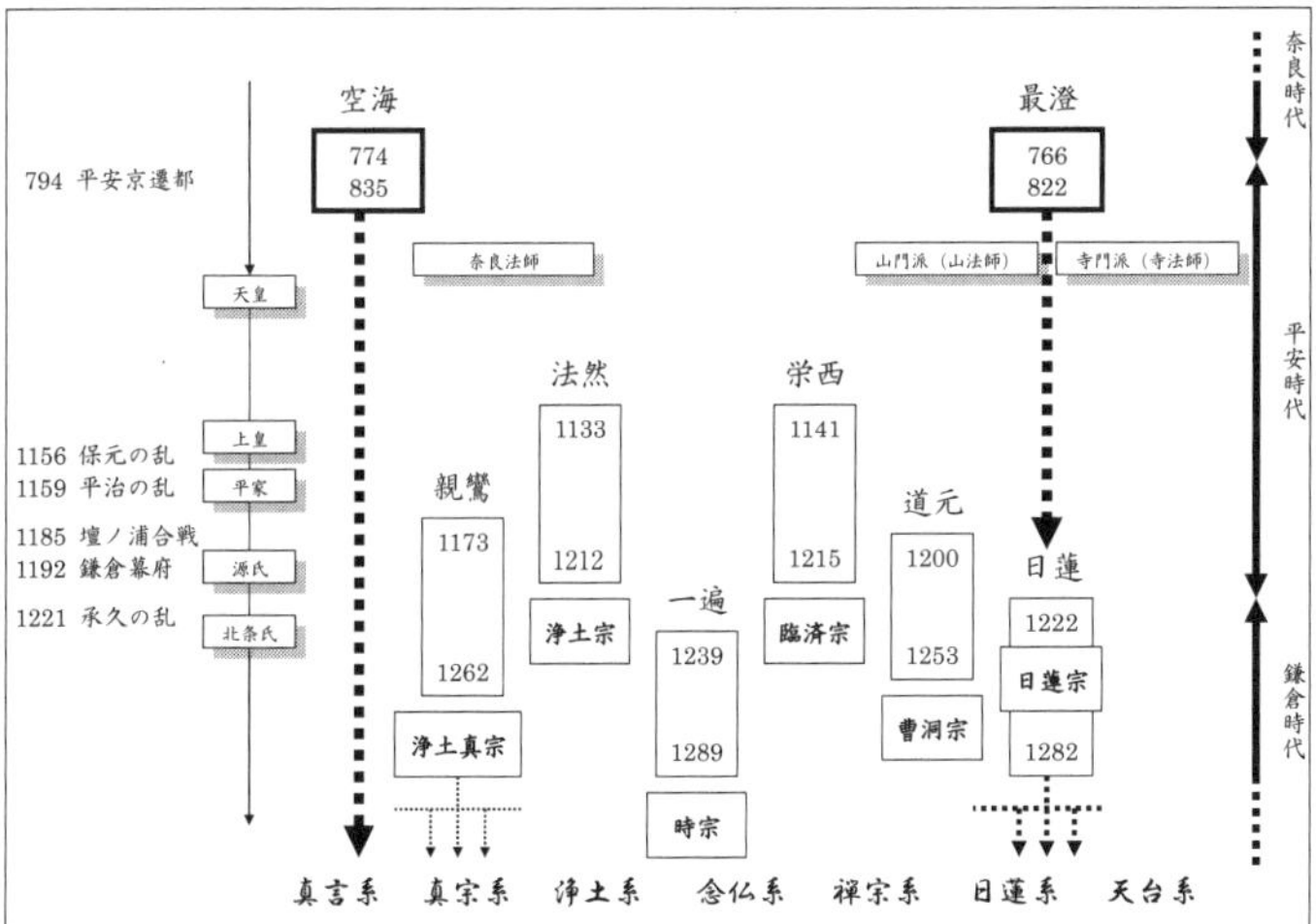

(図18) 最澄・空海と鎌倉仏教

阿弥陀仏と念仏の教えを説いて洛中を行脚。市聖《いちのひじり》、捨聖《すてひじり》と呼ばれ、民衆を引きつけました。

源信《げんしん》（九四二～一〇一七年）は、多くの経典から極楽往生に関する重要な文章を集めた往生要集《おうじょうようしゅう》を執筆。

極楽往生するには、一心に仏を想い念仏を称える以外に方法はないと説く源信。浄土教の基礎を創り、この書物で説かれた厭離穢土欣求浄土《おんりえどごんぐじょうど》の精神は民衆のみならず、貴族や武士にも浸透します。

余談ですが、のちにこの言葉は徳川家康の馬印になりました。第二章で触れたとおり、家康は旗印には上求菩提下化衆生《じょうぐぼだいげけしゅじょう》を使っています。家康の仏教への傾倒を伺い知ることができます。

さて、平安末期には良忍《りょうにん》（一〇七三～一一三二年）が融通念仏宗《ゆうずうねんぶつしゅう》を開き、浄土思想がさらに拡がります。腐敗した平安仏教から、再び新しい仏教が生まれようとしていました。

鎌倉仏教

鎌倉時代に入ると、今日の宗派につながる鎌倉仏教が次々と登場します。

法然《ほうねん》（一一三三～一二一二年）の浄土宗、親鸞《しんらん》（一一七三～一二六二年）の浄土真宗、一遍《いっぺん》（一二三九～一二八九年）の時宗《じしゅう》、栄西《えいさい》（一一四一～一二一五年）の臨済宗、道元《どうげん》（一二〇〇～一二五三年）の曹洞宗、日蓮（一二二二～一二八二年）の日蓮宗が主要な六宗派と言えます。

鎌倉六宗派の中で最初に興隆したのは、南無阿弥陀仏と称えれば誰でも極楽浄土へ往生できることを説いた法然の浄土宗です。

二　法然の浄土宗

法然房源空

法然は平安時代末期の一一三三年、美作国《みまさか》（岡山県）に生まれました。父の漆間時国《うるまときくに》は押領使《おうりょうし》（警察官）。法然が七歳の時に夜襲を受け、深手を負って亡くなります。「恨みは次の恨みを生む。仇討を考えずに出家せよ」という父の遺言を受け、法然は菩提寺の住職で伯父の観覚《かんがく》に引き取られました。

やがて観覚は法然の才能に気づき、比叡山で修行させます。比叡山で源光、皇円《こうえん》、叡空《えいくう》等に師事し、天台宗や戒律、往生要集などを修得。その優秀さから十八歳で法然房源空という名を授かり、「智慧第一の法然房」と称されました。

以後、洛中の寺を遊学し、読書三昧の日々を送ります。

南無阿弥陀仏《なむあみだぶつ》

一一七五年、四十二歳の法然は一冊の本に巡り合います。中国浄土教の大成者善導《ぜんどう》（六一三～六八一年）が執筆した観経疏《かんぎょうしょ》です。

その中の散善義《さんぜんぎ》という文章から法然は阿弥陀仏の真意を覚ります。曰く「一心に阿弥陀仏の名号を称えれば阿弥陀仏はその人を救う。なぜならば、それが阿弥陀仏の願いだから」。

法然は比叡山を下りて東山吉水《よしみず》に庵を結び、都の人々に専修念仏《せんじゅねんぶつ》を説きます。南無阿弥陀仏と称えれば誰でも極楽浄土へ往生できるという法然の教えは、瞬く間に人々の間に拡がりました。浄土宗の旗揚げです。一一七五年と言えば、法元の乱（一一五六年）、平治の乱（一一五九年）から、壇ノ浦の戦い（一一八五年）、鎌倉幕府開府（一一九二年）の間の時期です。戦乱と貧困に苦しむ人々が専修念仏に一縷《いちる》の望みを見い出したのです。

ちなみに、「となえる」の漢字表記には「唱える」と「称える」のふたつがあります。お題目（南無妙法蓮華経）は「唱」を使いますが、念仏（南無阿弥陀仏）は「称」を使うのが一般的なようです。

建永の法難

一一八九年、摂政・関白を務める九条兼実《かねざね》が法然の下で受戒したため、法然の名声が拡がります。官僧であった証空《しょうくう》、隆寛《りゅうかん》らも続々と入門。一二〇一年には親鸞も師事。法然六十八歳の時です。

しかし、いつの時代も「出る杭は打たれる」。専修念仏の人気を快く思っていなかった比叡山延暦寺や奈良興福寺などの勢力が、後鳥羽上皇に働きかけ、法然たちの活動を弾圧します。

教義、修行、寄進を重んじる旧来仏教にとって、念仏だけで浄土に往生できると説く専修念仏は脅威だったからでしょう。

一二〇四年（元久元年）、比叡山信徒に専修念仏を禁止する七箇条制誡《せいせい》が発出されます（元久の法難）。

一二〇六年、貞慶《じょうけい》を中心に興福寺信徒が専修念仏の禁止を訴えます（興福寺奏条）。

一二〇七年（建永元年）、専修念仏停止の院宣により、四人が死罪、八人が流刑になります（建永の法難）。

法然は四国讃岐に流罪。何と七十四歳の時です。弟子の親鸞も越後高田に流されます。親鸞は三十四歳でした。一二一一年、法然は赦免され、東山大谷の禅房に隠棲。翌年一月二十五日、弟子の源智に遺言書である一枚起請文《いちまいきしょうもん》を授け、七十九歳で亡くなりました。

法然ゆかりの東山の地に発展したのが京都知恩院です。

救われるために専修念仏を説いた法然に対し、既に救われていることに感謝（報恩感謝）するための念仏を称えることを説いたのが親鸞の浄土真宗です。

三　親鸞の浄土真宗

六角堂《ろっかくどう》百日参籠《さんろう》

親鸞は一一七三年、京都伏見の一角を所領とする日野有範《ひのありのり》の子として誕生。藤原北家の系譜です。

一一八一年、八歳の時に慈円の下で出家。比叡山に入って二十年間修行します。その間、洛中では法然の専修念仏が拡まっていました。

古い体質の旧仏教に限界を感じていた親鸞。一二〇一年、聖徳太子ゆかりの六角堂に百日参籠します。

参籠中のある夜、夢に現れた観音菩薩（聖徳太子の化身）のお告げに従い、夜明けとともに東山吉水にある法然の草庵を訪ね、そのまま弟子入りします。親鸞二十八歳、法然六十八歳の時でした。

恵信尼《えしんに》

法然に認められつつあった矢先の一二〇七年、親鸞は建永の法難に遭います。人々に急速に拡まっていた法然の専修念仏が旧仏教界や朝廷から弾圧を受け、法然は四国に、親鸞は越後に流罪となります。親鸞三十四歳の時です。

親鸞は、流刑先の越後高田の地主の娘と結婚。妻も出家して恵信尼《えしんに》と名乗ります。

一二一一年、三十八歳の親鸞は罪を許され、妻子とともに東国への移住を決意。流浪の末、常陸国稲田（現在の茨城県笠間市）に落ち着き、以後二十年間をこの地で過ごします。

報恩感謝と他力本願

一二二四年、親鸞は教行信証《きょうぎょうしんしょう》を著し、浄土真宗を立宗。五十一歳の時です。

法然が「念仏を称えることで阿弥陀仏に救われる」と説いたのに対し、親鸞は「既に阿弥陀仏に救われていることへの報恩の念仏を称える」と主張。この考えは浄土宗の根本経典である無量寿経《むりょうじゅきょう》の解釈から生まれました。

無量寿経には、阿弥陀仏が仏になる前の法蔵菩薩が四十八の願をかけ、それが達成されないうちは仏にならないと誓ったと記されていました。

阿弥陀仏は既に仏であることから、法蔵菩薩の願は成就していることになります。そして、その願の中に「あらゆる衆生が浄土に往生する」とあったことから、親鸞は

法然

1133年　美作（岡山）生まれ
　比叡山で修行「智慧第一に法然房」
1175年　散善義から阿弥陀仏の真意を覚る
　専修念仏、浄土宗の開宗（東山吉水）
1189年　公家や官僧も受戒、入門
1201年　親鸞が師事
1204年　元久の法難
1206年　興福寺奏条
1207年　建永の法難（讃岐に流罪）
1211年　赦免、東山大谷に隠棲（後の知恩院）
1212年　入寂

一遍

1239年　伊予（松山）生まれ
1242年　大宰府に移り、法然の孫弟子に師事
1263年　還俗して家門を継承
1271年　再出家、善光寺参籠、高野山等を遥拝
1274年　時宗開宗（文永の役）
1279年　信州佐久で踊り念仏始まる
1282年　（弘安の役）鎌倉片瀬浜で踊り念仏
1289年　入寂（明石）

親鸞

1173年　伏見（京都）生まれ
　比叡山で修行
1201年　六角堂百日参籠、法然に師事
1207年　建永の法難（越後に流罪）
1211年　赦免、妻子とともに常陸（茨城）へ
1224年　教行新証を著し、浄土真宗達立宗
1234年　鎌倉幕府、専修念仏を禁止
1235年　関東を去り、京都（東山大谷）へ
1262年　入寂（廟は後の本願寺へ）

（図19）法然・親鸞・一遍

「人々は既に救われている」と考えたのです。

救われるために念じるのではなく、既に救われていることへの報恩感謝のために南無阿弥陀仏を称える。これが親鸞の他力本願の考えです。

非僧非俗、悪人正機説

親鸞は、自分は僧でも俗人でもないとして非僧非俗を宣言。言わば在家信者です。

「善人なをもて往生をとぐ、いはんや悪人をや」。弟子の唯円《ゆいえん》（一二二二〜一二八九年）が著したと言われる歎異抄《たんにしょう》に記された親鸞の言葉です。衆生は覚りからほど遠い悪人だが、その悪人こそ救われるとする悪人正機説です。

こうした教えに共鳴し、常陸国を中心に関東に多くの門弟が育ち、念仏集団が拡がりました。事態を重く見た鎌倉幕府は一二三四年、専修念仏を禁止。

翌一二三五年、親鸞は関東を去り、娘の覚信尼《かくしんに》を伴って京都に戻ります。六十二歳の時です。東山大谷に居を構え、息子たち（善鸞《ぜんらん》、明信《みょうしん》、有房《ありふさ》）を東国で活動させ、教書の執筆に注力した晩年。充実した時を過ごした親鸞は、一二六二年、八十九歳で亡くなりました。

親鸞の廟は東山大谷に建てられ、のちの本願寺へと発展していきます。

法然、親鸞に続いて世に出たのは踊り念仏で知られる一遍。もともとは勇猛な武将だったようです。次は、一遍の時宗についてです。

四　一遍の時宗

松寿丸《しょうじゅまる》

平安時代末期から鎌倉時代にかけて、源平合戦（保元の乱、平治の乱、壇ノ浦の戦い）、承久《じょうきゅう》の乱（一二二一年）、元寇《げんこう》（一二七四年、八一年）などの混乱と動乱が続き、末法思想が拡がっていました。そんな中で法然や親鸞が登場。南無阿弥陀仏を称える浄土宗や浄土真宗が誕生したことは前々項、前項でお伝えしました。

そして、法然の約百年後、親鸞の約六十年後に誕生したのが一遍です。

一二三九年、一遍は瀬戸内海を制圧していた河野《こうの》水軍の豪族、河野通広《こうのみちひろ》の次男として、伊予国道後温泉近くで誕生。幼名を松寿丸と言います。

祖父が承久の乱に敗軍側で参戦し、陸奥国に配流。松寿丸誕生の頃には家門は没落、十歳の時に母も早世。松寿丸は父の勧めで出家し、十三歳の折に太宰府に移り住み、法然の孫弟子、聖達《しょうたつ》の下で学びます。

二河白道《にがびゃくどう》

一二六三年、二十四歳の一遍は父の死を機に伊予に戻り、還俗《げんぞく》して家門を継承。勇猛な武将だったと言われていますが、一族内の所領争いが原因で三十一歳の時に再び出家。

翌年、長野善光寺に籠もり、善導や法然の教えにつながる二河白道図を目にして心を打たれます。水の河（貪り）、火の河（怒り）に挟まれた白道。一心に念仏を称えて白道を進むことで浄土に至るという覚りです。

半年間、伊予の岩窟に籠もった後、三十五歳の時に超一《ちょういち》・超二《ちょうじ》という母娘（妻子説もあります）を連れて修行の旅に出ます。

大阪四天王寺、紀伊高野山、熊野三山などを巡拝。熊野に参籠中、夢に権現《ごんげん》が現れ「衆生は既に阿弥陀に救われている。信不信、浄不浄を問わず、一心に念仏札を配ればよい」と告げられ、一遍は「真の他力本願」を覚ります。時宗開創の瞬間です。

時は一二七四年、元寇（文永の役）が起き、民衆の不安が高まっている真っ只中でした。

賦算《ふさん》と踊り念仏

以後十六年間、一遍は諸国六十余州を巡り「南無阿弥陀仏決定往生《けつじょうおうじょう》六十万人」と書いた念仏札を配りました。賦算《ふさん》と言います。

一二七九年、善光寺に向かう途上、信州佐久で覚りの喜びを表して一遍が踊り出すと、周りの民衆も念仏を称え、鉦《かね》を鳴らして踊り出しました。踊り念仏の始まりです。

一遍は信州から奥州、江刺へ北上後、松島、平泉、常陸、相模と南下。踊り念仏は各地に拡がっていきます。

一二八二年、一遍は鎌倉に入ろうとします。前年に再び元寇（弘安の役）が起き、民衆の不安は極限状態。

幕府は人心が煽られることを警戒し、一遍一行の鎌倉入りを禁止。民衆は片瀬浜に集まって、一遍とともに踊り念仏に興じます。

念仏聖、捨聖《すてひじり》

その後も、遠州、尾張、近江、京、播磨と遊行を続ける一遍。

京では延暦寺、園城寺など、旧来仏教の僧兵に妨害もされましたが、念仏の拡がりは止まりません。一遍は、念仏聖、捨聖と呼ばれて敬われます。

一二八九年、弘法大師の生誕地、讃岐の善通寺などを巡拝。阿波で病気になった後も遊行を続行。とうとう明石で力尽きます。五十歳でした。

一遍は「持ち物は全て焼き捨て、葬式はせず、骸は野に捨て獣に施せ」と遺言。一遍を追って七人の弟子（時衆）が入水殉教したそうです。後継者は必要ないとしていた一遍でしたが、最も古い時衆の真教《しんぎょう》が時宗を継承しました。

次は、日本にお茶をもたらした栄西の臨済宗です。

五　栄西の臨済宗

鎌倉仏教のふたつの大きな流れである浄土宗と禅宗の開祖が、同じ時期、同じ地方で生を受けました。

持律第一葉上房《ようじょうぼう》

美作《みまさか》（岡山県北部）で法然が生まれた八年後の一一四一年、栄西《えいさい》は備中（岡山県西部）吉備津《きびつ》神社の神官、賀陽貞遠《かやのさだとう》の子として生まれました。

父は仏教にも詳しく、その基礎を栄西に教育。その影響で十一歳の時に出家し、安養寺《あんようじ》や比叡山で修行します。

同時期、法然も比叡山で修行。二人は「智慧第一法然房、持律第一葉上房（栄西）」と並び称され、やがてともに新しい宗派を興します。

興禅護国論《こうぜんごこくろん》

一一六八年、二十七歳の栄西は、大陸の進んだ仏教を学ぶために宋《そう》に渡りました。そこで禅が盛んなことを知り、関心を抱きます。

明州では、日本から来ていた重源《ちょうげん》（一一二一～一二〇六年）と遭遇。重源は兵火で焼失した東大寺再建の勧進僧です。以後、一緒に宋を遊行します。

やがて栄西は多くの天台宗の文献などを日本に持ち帰り、天台座主の明雲《みょううん》に献上。その際、日本に初めて茶を伝えます。

一一八七年、四十六歳になった栄西は再び渡宋。インドに行く目的は果たせませんでしたが、天台山の名僧虚菴懐敞《こあんえしょう》に師事。密教と禅の心は同じであるとの師の言葉に接し、禅を本格的に学び、臨済宗の教えを究めます。

一一九一年、帰国した栄西は禅を布教しようとしますが、旧仏教勢力からの弾圧に遭い、興禅護国論を執筆。

ところが栄西は、運良く京に対抗する新しい文化を求めていた鎌倉幕府の二代将軍源頼家やその母、北条政子の帰依を受けます。その後ろ盾もあって、一二〇〇年、初代将軍頼朝一周忌の導師を務め、北条政子建立の寿福寺を開山します。

一二〇二年、京に建仁寺を建立。以後は、京と鎌倉を往復しながら禅を布教します。

喫茶養生記

一二〇六年、宋で知己を得て以来、親交を重ねていた重源が入寂。重源の後を受け、栄西は東大寺大仏殿再建勧進僧を務めます。

一二一四年には、喫茶養生記を書いて三代将軍源実朝に献呈。二日酔いがひどく、人生にも悩んでいた三代将軍実朝に、茶の効用と禅の教えを説いたと言われています。

一二一五年、栄西は寿福寺で入寂。七十四歳でした。

入寂の地は鎌倉との説もあります。吾妻鏡には、結縁を願って鎌倉中の人々が集まり、源実朝の代理として大江親広《おおえのちかひろ》が臨終に立ち会ったと記されています。

一二七九年、大陸では宋が元に滅ぼされます。多くの禅僧が戦火と蒙古の支配を逃れて来日。その中には、蘭渓道隆《らんけいどうりゅう》、無学祖元《むがくそげん》、一山一寧《いっさんいちねい》などの名僧が含まれており、こうした禅僧が栄西の教えを継いだことが、日本の禅宗や臨済宗の興隆につながりました。

栄西が寿福寺を開山した一二〇〇年、臨済宗と並ぶ禅宗の双璧となる曹洞宗の開祖、道元が誕生しました。次は、栄西の孫弟子となる道元の曹洞宗についてお伝えします。

六　道元の曹洞宗

明全《みょうぜん》

道元は鎌倉時代初期の一二〇〇年、内大臣久我通親《こがみちちか》の子として京都で誕生。通親は養父で、実父はその息子、大納言堀川通具《ほりかわみちとも》という説もあります。

三歳で父を、八歳で母を亡くした道元は、十三歳で出家します。比叡山で良観（良顕）、公円《こうえん》に師事した後、建仁寺で栄西の後を継いだ明全《みょうぜん》に入門します。

その直後、三代将軍源実朝の暗殺（一二一九年）、朝廷と幕府が争った承久の乱（一二二一年）が起き、世相は殺伐としていました。

そんな時代に仏道に救いと覚りを求めた道元は、一二二三年、明全と一緒に宋に渡ります。道元、二十三歳の時でした。

如浄《にょじょう》

やがて明全と別れ、ひとりで師を求めて宋を放浪します。

一二二五年五月一日、浙江省《せっこうしょう》の天童山景徳寺で如浄に面会した道元。即座に如浄こそ正師と覚ります。如浄も日本から来た修行僧の非凡な才能に気づき、「仏々《ぶつぶつ》祖々《そそ》の面授の法が成る」と語ったと伝えられています。

面授とは正師と弟子が相まみえ、仏祖正伝の教えが引き継がれることを意味します。古くは釈迦と摩訶迦葉《まかかしょう》、恵果と空海の出会いも、面授の法の一場面です。

長年坐して覚りを開き面壁九年と言われた達磨大師以来の正伝仏法を継承していた如浄の教えが道元に伝えられます。

身心脱落《しんじんだつらく》

一二二五年七月、厳しい夏安居《げあんご》（僧の修行合宿）の坐禅中のことです。

道元は、身心が自分を離れて全ての束縛や煩悩から解放される感覚を経験をしたことを如浄に報告。身心脱落です。

如浄は「脱落、脱落」と語り、身心脱落したことさえ忘れることの大切さを諭しつつ、道元が大悟《たいご》に至ったことを認めます。

一二二七年、道元は嗣書《ししょ》（覚りの証明書）を得て帰国の途につきます。道元に正伝仏法を面授したことに安堵したかのように、如浄はその年に示寂《じじゃく》しました。

この別れも、恵果と空海の惜別を彷彿《ほうふつ》とさせます。

只管打坐《しかんたざ》と現成公案《げんじょうこうあん》

帰国後の道元は、修行と著述の日々に入ります。

ただひたすらに坐禅することを勧める只管打坐、現実の事象全てが仏道そのものであることを説く現成公案、その結果として得られる覚りの境地の身心脱落。

道元は、それらを教える普勧坐禅儀《ふかんざぜんぎ》（一二二八年）、正法眼蔵《しょうぼうげんぞう》（一二三一年）などを著して新しい仏法の礎を築きます。

その後、懐奘《えじょう》、懐鑑《えかん》、義介、義演ら、達磨宗の門徒が相次いで道元に入門。

一二四三年、道元一門は京都を離れて越前入り。地頭である波多野義重の庇護の下、大仏寺を開創。三年後に永平寺と改称します。

一二五三年、懐奘が永平寺二世に就任。病身となった道元は療養のために京都に入り、八月二十八日に入滅。五十三歳の生涯でした。

道元の教えは、永平寺三世、瑩山紹《けいざんじょう》瑾《きん》の代に曹洞宗として確立。紹瑾はやがて總持寺《そうじじ》も開きます。曹洞宗は、道元・紹瑾を高祖・太祖の両祖としています。

道元が入滅した一二五三年。時同じくして日蓮が法華題目を唱えて立宗を宣言します。次は日蓮についてです。

七　日蓮の日蓮宗

立正安国論

一二二二年、日蓮は太平洋に面した安《あ》

栄西

1141年 美作（岡山）生まれ
　　比叡山で修行「持律第一葉上房」
1168年 南宋に留学（南宋では禅宗が栄える）
　　日本に茶を伝える
1187年 再び宋に渡る（虚庵懐敞に師事）
1191年 興禅護国論を執筆
1200年 源頼朝一周忌導師、寿福寺開山
1202年 京都に建仁寺建立
1206年 東大寺大仏殿再建勧進僧
1214年 喫茶養生記を執筆
1215年 入寂

道元

1200年 京都生まれ
1221年 （承久の乱）
1223年 明全（栄西後継）と宋に渡る
1225年 如浄に入門、心身脱落し、大悟
1227年 帰国
1243年 越前へ、大仏寺（後の永平寺）開創
1253年 入寂

日蓮

1222年 安房（千葉）生まれ
　　地元清澄寺入山、道善房に師事
1242年 比叡山、高野山等で十年間修行
1253年 安房で日蓮宗開宗
1260年 立正安国論献呈、松葉谷法難
1261年 伊豆法難（伊豆配流）
1264年 小松原法難
1268年 龍口法難
1274年 （文永の役）
1281年 （弘安の役）
1282年 入寂（池上宗仲館、後の池上本門寺）

（図20）栄西・道元・日蓮

房国《わのくに》（千葉県安房郡）小湊《こみなと》で生まれました。

十二歳の時、地元の名刹、天台宗清澄寺《きよすみでら》に入山。道善房を師として十六歳で得度します。

二十歳になった一二四二年からの約十年間、比叡山、高野山、四天王寺などで修行に励み、法華経こそが真実の経であるとの確信に至ります。

一二五三年、故郷の清澄寺に帰った日蓮は、南無妙法蓮華経を海に向かって唱え、立教開宗を宣言。日蓮と名乗り始めたのもこの時からです。やがて鎌倉松葉谷《まつばがやつ》に草庵を結び、近隣の僧俗と法華経を修学。天台大師智顗《ちぎ》の教えに傾倒します。

一二五七年、鎌倉で大地震が発生。飢饉と疫病にも見舞われ、人々は絶望に陥ります。

一二六〇年、仏教経典の全てを収蔵した大蔵経を読破した日蓮は、救国を説く立正安国論をまとめて幕府に献呈します。

法難

立正安国論では他の宗派を批判し（四箇格言《しかかくげん》）、法華経だけが末法の世を救うと説きました。

立正安国論を献呈した翌月、草庵が焼き討ちに遭い（松葉谷法難）、翌一二六一年、幕府の命で伊豆伊東に配流されます（伊豆法難）。

赦免されて帰郷した一二六四年、松原大路で他宗派の信者に襲撃されます（小松原法難）。相次ぐ法難にも日蓮の信念は揺らぎません。

一二六八年、元の使者が服従を強いる国書を執権北条時宗に手交するものの、時宗はこれを無視。日蓮は幕府に対して立正安国論の予言が的中したと指摘し、国をあげて法華経に帰依することを主張。

激怒した幕府は日蓮を捕縛し、鎌倉龍口《たつのくち》（江ノ島対岸）で打ち首にしようとしたところ、斬首役の刀に落雷。刀が折れて一命をとりとめます（龍口法難）。

日蓮は減刑され、佐渡に配流。一二七一年、四十九歳の時でした。

元寇《げんこう》

一二七四年（文永十一年）、日蓮は赦免されて信者の波木井《はきい》（南部）実長《さねなが》の領地内の身延山に草庵を結びます。

同年、元・高麗連合軍が対馬・壱岐・太宰府に襲来（文永の役）。日蓮は人々の無事を祈願。元・高麗軍は偶然の嵐に見舞われて退散します。

身延山久遠寺に大坊が完成した一二八一年（弘安四年）、再び元・高麗軍が襲来（弘安の役）。この時も日蓮は祖国の無事を祈願。またしても偶然の嵐によって元・高麗軍は退散。日蓮五十九歳、入滅する前年のことでした。

池上本門寺

日蓮は、佐渡配流の間に書いた開目抄《かいもくしょう》をはじめ、撰時抄《せんじしょう》、報恩抄《ほうおんしょう》、観心本尊抄《かんじんほんぞんしょう》など、多くの著作や信徒への手紙を残しました。日蓮の筆跡は御真蹟《ごしんせき》として尊ばれ、今日でも厳格に護持されています。

一二八二年、体調を崩した日蓮は、療養のために身延山を下山。武蔵国の信者、池上宗仲《いけがみむねなが》の館に立ち寄った際に六十歳で入寂。館跡はのちに池上本門寺となりました。

武士・庶民への仏教の浸透

元寇の恩賞への不満などから、やがて鎌倉幕府の御家人は執権（北条家）による得宗《とくそう》政治に反発。後醍醐天皇の勅命に呼応した足利尊氏《あしかがたかうじ》、新田義貞《にったよしさだ》らが挙兵し、一三三三年、鎌倉幕府は滅亡。南北朝時代を経て室町時代へと至ります。

次は、鎌倉仏教から発展した室町仏教についてお伝えします。武士にも庶民にも、一段と仏教が浸透していきます。

八　室町仏教

鎌倉六宗派

奈良時代の南都六宗（三論宗《さんろんしゅう》、成実宗《じょうじつしゅう》、法相宗《ほっそうしゅう》、倶舎宗《くしゃしゅう》、華厳宗《けごんしゅう》、律宗《りっしゅう》）に限界を感じた最澄と空海が天台宗と真言宗を開いた平安時代初期。

やがて、政治の混乱（保元の乱、平治の乱）や天変地異、飢饉《ききん》などで人心が荒廃し、末法思想が拡まった平安時代末期から鎌倉時代初期。

人々は現世の混乱や貧困を悲観し、来世での幸せを願うようになります。

そうした中で誕生した新しい仏教。法然の浄土宗、親鸞の浄土真宗、一遍の時宗、栄西の臨済宗、道元の曹洞宗、日蓮の日蓮宗が鎌倉六宗派です。

南北朝時代から室町時代へ

一一九二年から始まった鎌倉幕府。元寇後の恩賞不足、執権・北条得宗家の専横などへの御家人の不満が高まり、やがて後醍醐天皇に呼応して足利尊氏、新田義貞が蜂起。一三三三年、鎌倉幕府は滅亡しました。

その後、後醍醐天皇による建武の新政が行われましたが、三年で崩壊。足利尊氏が室町幕府を開くとともに、朝廷が分裂し、約六十年間の南北朝時代に突入。

一三九二年（明徳三年）、三代将軍足利義満の下で「明徳の和約」が成立。南朝の後亀山天皇が吉野から京都に入り、北朝の後小松天皇に三種の神器を譲って退位。

南北朝が統一され、本格的な室町時代が始まりました。

夢想疎石《むそうそせき》

室町時代は武家文化が花開いた時代。そして、武家文化と結びついて繁栄したのが臨済宗です。

その礎となったのは、北条家、後醍醐天皇、足利家のいずれからも信頼を得ていた臨済僧、夢《む》想疎石《そうそせき》（一二七五～一三五一年）。

足利尊氏、直義兄弟は疎石に帰依し、元寇の犠牲者や後醍醐天皇の菩提を弔うために全国六十六国二島に安国寺を建立。疎石が仏教諸宗の融合を説いたこともあり、公家の帰依者も増加。やがて、活動の拠点は鎌倉から京都に移りました。

足利義満は中国（宋）に倣《なら》い、臨済宗に五山十刹《ござんじゅっさつ》を定め、寺の秩序を整えます。南禅寺を五山の上とし、京都では天竜寺・相国寺・建仁寺・東福寺・万寿寺、鎌倉では建長寺・円覚寺・寿福寺・浄智寺・浄妙寺を五山としました。

やがて五山は、仏教よりも政治や文化の拠点となり、儒学や文学が盛んになりました（五山文学）。しかし、仏教から離れた五山はやがて衰退。臨済宗の中心は大徳寺、妙心寺に移ります。

瑩山紹瑾《けいざんじょうきん》

臨済宗と並ぶ禅宗の雄は曹洞宗。京都の公家や武家に拡まった臨済宗とは対照的に、地方の大名や庶民に浸透していきます。

越前に總持寺《そうじじ》を建立した瑩山紹瑾（一二六八～一三二五年）が曹洞宗の中興の祖。曹洞宗は永平《えいへい》寺《じ》と總持寺（その後、関東の鶴見に移転）を両本山として発展します。

浄土宗でも、小石川伝通院を開いた聖冏《しょうげい》、増上寺を建立した聖聡《しょうそう》などを輩出し、室町時代の庶民に信仰が拡まりました。

安土桃山時代の仏教勢力

室町時代はやがて戦国時代、安土桃山時代へと移ります。その時代に圧倒的な存在感を示したのが一向宗と呼ばれた浄土真宗。

次に、一向宗の興隆をお伝えします。

九　一向宗の興隆

蓮如《れんにょ》と真慧《しんね》

親鸞が開いた浄土真宗。ひたすらに、一筋に念仏することを意味する「一向」から、一向宗とも呼ばれていました。

室町時代には、親鸞の子孫が継承した京都東山大谷の本願寺派と、親鸞が在住布教した下野《しもつけ》（栃木県）高田の専修寺《せんじゅ》を拠点とする専修寺派に分かれていました。

室町時代中頃の一四六七年（応仁元年）、足利将軍家の家督争いに有力幕臣（細川勝元と山名宗全）の対立も絡み、全国の武士を巻き込んだ応仁の乱（一四六七〜一四七七年）が勃発。これを機に、徐々に戦国時代に突入していきます。

その頃、本願寺派には蓮如（一四一五〜一四九九年）、専修寺派には真慧（一四三四〜一五一二年）が出て、一向宗の勢力は急拡大します。

真慧は拠点を下野高田から伊勢（三重県）一身田《いっしんでん》に移し、高田派と自称。

高田派は、比叡山や朝廷に接近し、宗派の地位安泰を画策したことに端を発し、弟子たちの争いが起きて分裂します。

加賀一向一揆衆

一方、蓮如は手紙（御文《おふみ》または御文章《ごぶんしょう》）や寄合いを活用して庶民の布教に注力。門徒拡大の勢いを怖れた比叡山は、本願寺を破壊して蓮如を迫害します。

蓮如は三河に逃げ、さらに越前吉崎に拠点を移します。吉崎には全国から門徒が集まり、大いに栄えます。

やがて、本願寺派の門徒、僧も応仁の乱に伴う政争や加賀国の家督争いに巻き込まれ、一四八八年、加賀国守護の富樫政親《とがしまさちか》を滅ぼします。

以後、加賀国は、のちに織田信長に敗れるまでの約一世紀間、本願寺派の門徒、僧、農民、武士、商人等の自治国となります。加賀一向一揆衆です。

石山本願寺

その後、蓮如は争いを避けて京都山科《やましな》に拠点を移します。また、大坂石山にも坊を建てました。

一四九九年、蓮如が亡くなると、比叡山と日蓮宗の宗徒が近江守護の六角氏と手を組み、一向宗の山科の拠点を焼き討ち。

それを機に、石山の坊が一向宗の拠点として発展。のちの石山本願寺です。

山科の一向宗を襲撃した比叡山と日蓮宗。その後は日蓮宗の拡大を望まない比叡山が日蓮宗の二十一寺を破壊。京都の日蓮宗は衰退します（天文法華の乱）。

こうして、戦国時代佳境の十六世紀には、比叡山と石山本願寺が二大仏教勢力となっていました。

本地垂迹説《ほんじすいじゃくせつ》

鎌倉時代に開創された新しい六宗派は、室町時代から戦国時代にかけて大衆化していったと言えます。

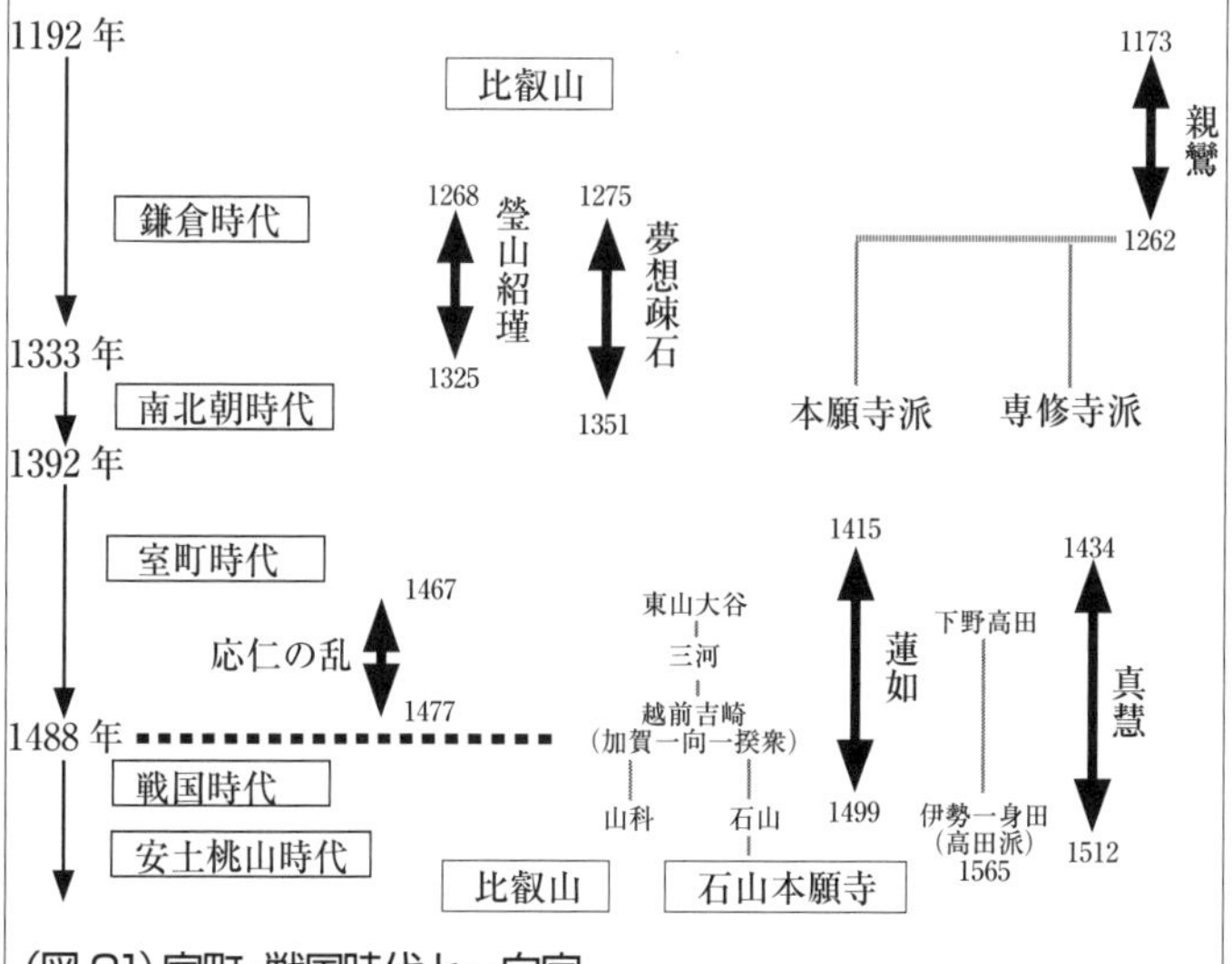

（図 21）室町・戦国時代と一向宗

公家、武士、農民、商人など、あらゆる階層に仏教が共有されていった時代です。来世での往生を願い、御利益を祈願する宗教として、仏教は民衆の間に根付いていきました。

また、この時期には、神仏混交の考え方が一層拡まりました。仏教の仏（本地）が日本の神の姿を借りて現れる（垂迹《すいじゃく》）と考えられ、仏教寺院と神社が一体化。両部神道、山王神道、法華神道などと呼ばれました。

天下統一と仏教勢力

戦国時代の武将にとって、二大仏教勢力となった比叡山と石山本願寺は気になる存在です。中でも、天下統一を目指した織田信長は比叡山と石山本願寺と壮絶な戦いを繰り拡げます。さらにその対立は、高野山にも波及します。次は、信長・秀吉と仏教勢力との攻防をお伝えします。

十　信長・秀吉と仏教

二大仏教勢力と信長

織田信長（一五三四〜八二年）の天下統一の過程で、比叡山と一向宗（本願寺）の二大仏教勢力は常に信長の敵対勢力と呼応して対立。信長は多くの身内を戦いで失い、こうしたことも、二大仏教勢力に対する信長の厳しい姿勢につながりました。

信長が天下布武《てんかふぶ》の印文を使い始めた一五六七年頃、尾張に隣接する北伊勢は一向宗の勢力下。真慧が拠点を下野高田から伊勢一身田に移して約二年。既に門徒数十万人の一大勢力となり、事実上の自治領。同年、信長に敗れた美濃の斎藤龍興《たつおき》も北伊勢に逃げ込みました。

一五六八年以降、信長は伊勢国司北畠氏に弟・信包《のぶかね》と次男・信雄、北伊勢の有力武士神部氏に三男・信孝を相次いで養子や養嗣子として送り込み、影響力拡大を図ります。

石山合戦

信長と石山本願寺の攻防史は目まぐるしく、史実を正確に理解することは容易ではありません。詳細は戦国史の専門書に委ねることとして、ここでは一五七〇年代の毎年の主な出来事を列挙します。

七〇年、浅井・朝倉や三好三人衆（摂津）と争う中、石山本願寺が信長に対して挙兵。信長の弟・信治や重臣が討死。以後十年間、信長と石山本願寺の壮絶な石山合戦が続きます。

浅井・朝倉は比叡山に立て籠もり抵抗。呼応して本願寺の顕如《けんにょ》の命を受けた伊勢門徒が蜂起（長島一向一揆）。信長の弟・信興が討死。

七一年、信長は、敵対していた浅井・朝倉を加勢し、撤退・中立の勧告も拒否した比叡山を焼き討ち。

七二年、本願寺は信長と和睦《わぼく》。同年、上洛を目指して信長に圧力をかけていた武田信玄が急逝。

この機に信長は足利義昭を追放。室町幕府は名実ともに消滅。信長は元号を天正に改号。

七三年、信長は伊勢長島に進軍。

七四年、越前本願寺門徒の蜂起に呼応して武田勝頼が美濃に侵攻。同年、信長は伊勢長島を水陸から包囲して殲滅《せんめつ》。兄・信広、弟・秀成が討死。

七五年三月、本願寺と激戦の末、和睦。五月、長篠の戦で武田軍に勝利。八月、守護代を殺害した越前本願寺門徒を討伐。

七六年、信長に反旗を翻した足利義昭に呼応して本願寺が三度《みたび》挙兵。信長自ら出陣し、銃撃を受けて負傷。本願寺を支援する毛利水軍との第一次木津川口海戦に苦戦し、和睦。

七七年、本願寺に呼応する雑賀衆《さいかしゅう》掃討のため紀州討伐。

七八年、荒木村重の離反に呼応し、毛利・本願寺軍が再び信長と対立。信長は九鬼嘉隆《くきよしたか》が考案した鉄甲船を投入して毛利水軍を撃破（第二次木津川口海戦）。孤立した本願寺は兵糧攻めを恐れ、
七九年末から和睦を検討。

八〇年、正親町《おうぎまち》天皇の勅命で本願寺は信長に有利な条件で和睦。ついに本願寺は石山（大坂）から退去しました。

高野山と秀吉

一五八一年、高野山が信長の敵対勢力の残党を匿《かくま》い、足利義昭と謀議。信長は織田領の高野《こうや》

聖《ひじり》数百人を捕縛・処刑し、高野山を包囲。対立が続く中、翌一五八二年五月二十九日、本能寺の変で信長は没します。

信長亡き後、豊臣秀吉（一五三七〜九八年）も当初は仏教勢力と対立。高野山を武力によって制圧します。

一五八五年、秀吉の紀州討伐、根来寺焼き討ちの際、高野聖の木食応其《もくじきおうご》が和議に臨みます。応其は秀吉の信頼を得て、秀吉はむしろ高野山の再興に尽力。応其は高野山を救いました。一方、応其も秀吉の方広寺造営や島津との和睦交渉に尽力します。

秀吉は高野山内に興山寺と母（大政所《おおまんどころ》）の菩提寺（剃髪寺＝青巌寺《せいがんじ》）を開基。両寺は現在の金剛峯寺の前身です。

一五九三年、側室淀殿が秀頼を産むと、秀吉は関白の座を譲っていた甥の秀次と対立。一五九五年、応其は秀次の罪（不殺生戒）を指摘し、青巌寺で切腹させる役回りを負わされました。

秀吉はその後も大仏建立や本願寺再建に注力するものの、仏教に帰依した様子は伺えませんでした。

新たな役割を担う仏教

秀吉没後、関ヶ原の戦い（一六〇〇年）、江戸幕府開府（一六〇三年）、大坂冬の陣（一六一四年）、夏の陣（一六一五年）、徳川家康逝去（一六一六年）を経て、本格的な江戸時代が幕開け。

奈良・平安・鎌倉・南北朝・室町時代に政治勢力化していった仏教。信長・秀吉（安土桃山）時代を経て、江戸時代には新たな役割を担うことになります。次は、江戸時代の仏教です。

十一　江戸時代の仏教

禁中並公家諸法度《きんちゅうならびにくげしょはっと》

江戸幕府は、鎌倉幕府以降の朝廷と幕府の対立、有力寺院と幕府の対立の歴史を踏まえ、朝廷と寺院を徹底して管理しようとしました。

禁中並公家諸法度は、徳川家康が南禅寺の僧、金地院崇伝《こんちいんすうでん》に起草させました。

諸法度では、朝廷が僧に紫衣《しえ》（最高格の法衣）をむやみに与えることを禁止。紫衣を与えると勅許料が朝廷に入る仕組みのため、乱発気味であったことを統制したものです。

当然、朝廷と仏教界は反発。一六二七年、抗議のために後水尾《ごみずのお》天皇は退位。幕府の相談役であった大徳寺僧の沢庵《たくあん》も反対し、一六二九年、沢庵は出羽《でわ》上山《かみのやま》に流罪となります。紫衣事件です。

崇伝、沢庵のように、江戸幕府は高僧をブレーンとして活用しました。上野寛永寺を開いた天《てん》海《かい》もその一人。百八歳まで生き、家康・家忠・家光の三代に仕えました。

本山末寺制《ほんざんまつじせい》

江戸幕府は、仏教を統治制度（幕藩体制）の中に巧みに組み込みました。寺院に本山と末寺の関係を定め、全寺院の管理統制を図りました。この本山末寺制は、一六三二年から三三年にかけて、寺院本末帳が作成されたことによって完成します。

一六三五年には寺社奉行を設置。寺院と神社を管理する役所です。また、各宗派には江戸に出先機関である触頭《しょくとう》寺院を置くことを義務づけました。各藩の江戸屋敷と同じ位置付けです。

同年、島原の乱が勃発。島原・天草地方の領主の圧政に農民が反発。キリスト教徒（切支丹《きりしたん》）である天草四郎時貞を中心にした反乱です。

この乱を契機に、幕府は隠れ切支丹を取り締まる目的で宗門改役《あらためやく》を起き、寺請《てらうけ》制度と宗旨人別《しゅうしにんべつ》帳を設けました。

必ずいずれかの寺院の檀家になり、旅などの移動の際には、それを証明する寺請証文の携行が義務づけられました。

つまり、必ず菩提寺を持ち、名前・年齢・家族構成などを届け出て、それを記録するのが宗旨人別帳です。これは寺檀制度・檀家制度と呼ばれ、宗旨人別帳は現代の戸籍や住民票の役割を果たしました。

檀林《だんりん》・学林《がくりん》

各宗派では、戦国時代に政治勢力化して乱れた教団の引き締めのため、教学や戒律の復興運動が起き、壇林や学林と呼ばれる教育機関が次々と設けられました。

各宗派が多くの優秀な学僧や名僧を輩出する一方、世法即仏法《せほうそくぶっぽう》を説き、自分の仕事に邁進することが仏道修行であり、覚りにつながることを説いた鈴木正三《しょうさん》（一五七九～一六五五年）などが、江戸時代の仏教観、倫理観を形成していきました。

葬式、年忌法要、お盆、お彼岸、灌仏会、成道会、涅槃会、縁日参り、ご開帳、祖師・札所巡礼などの仏教行事が庶民の暮らしに根づいていったのが江戸時代です。

近代・現代につながる動き

江戸時代末期になると、外国船が日本近海に頻繁に出没。

一八五三年、浦賀沖にペリー艦隊が現れたのを契機に、国内は勤王派と佐幕派に分かれて紛糾。最終的に大政奉還と王政復古が実現し、一八六八年、明治維新となります。

この本の最後は、明治時代から現代につながる仏教の動きについてです。

十二　明治維新後の仏教

廃仏毀釈《はいぶつきしゃく》

明治政府は、欧米列強に追いつくことを目標に、富国強兵、殖産興業を掲げ、近代化を急ぎました。

国力を集中するためには強力なカリスマ的リーダーが必要と考え、天皇を国と国民を統治する神と位置付け、国家神道が打ち出されました。

それに呼応して、一八六八年、神仏分離令が発布され、本地垂迹《ほんじすいじゃく》説を拠り所とする神仏習合の考え方が否定されました。

一八七〇年、大教宣布の詔《みことのり》が出され、神道国教化を目指す動きが強まり、それに伴って仏教排斥運動が全国に拡がりました。廃仏毀釈です。

江戸時代は幕府の庇護を受け、統治制度の一翼を担ってきた仏教を巡る環境は激変。そうした中で、仏教界の革新、改革を目指す多くの僧侶が登場します。主な人々を紹介します。

仏教改革

浄土真宗本願寺派の島地黙雷《しまじもくらい》（一八三八〜一九一一年）は、俗化した宗門の改革を主張。また、渡欧して欧州の宗教政策、宗教行政を研究し、政教分離と信教の自由を主張。パリから政府に建白書を送り、神道国教化を断念させることになります。

真宗大谷派の清沢満之《きよさわまんし》（一八六三〜一九〇三年）は、佐々木月樵《ささきげっしょう》（一八七五〜一九二六年）、暁烏敏《あけがらすはや》（一八七七〜一九五四年）とともに雑誌「精神界」を発刊し、仏教革新を目指す精神主義運動を起こします。

臨済宗円覚寺派の釈宗演《しゃくそうえん》（一八五九〜一九一九年）は宗派を超えて仏教改革に注力。一八九三年には米国で開催された万博に出席してスピーチし、日本の仏教を世界に発信しました。

釈宗演の弟子が鈴木大拙《すずきだいせつ》（一八七〇〜一九六六年）です。東京帝国大学哲学科で学ぶと同時に禅を修め、一八九七年に渡米。多くの仏教書を英訳して日本の仏教を世界に伝えました。

鈴木大拙は哲学者西田幾多郎《にしだきたろう》と同郷・同年生まれの旧知の仲であり、生涯にわたって親交があったそうです。

ほかにも、多くの弟子を育てた曹洞宗の沢木興道《さわきこうどう》（一八八〇〜一九六五年）、日蓮宗を脱して在家仏教の指導者となった田中智学《たなかちがく》（一八六一〜一九三九年）、中央アジアの仏跡探検を果たした大谷光瑞《おおたにこうずい》（一八七六〜一九四八年）、チベット仏教を研究した河口慧海《かわぐちえかい》（一八六六〜一九四五年）など、いずれも近代仏教の礎を築いた先人たちです。

戦時統制

明治時代中頃には、タイ国王から仏舎利（お釈迦様の骨）を寄贈されることになったのを契機に宗派を超えた仏教界の集まりとして帝国仏教会が組織され、一九〇〇年には国家の宗教統制に反対して仏教懇話会も結成されました。

因《ちな》みに、その仏舎利を奉安しているのが覚王山日泰寺《にったいじ》（日本とタイで日泰寺）。本堂前にはタイ国旗が掲げられ、タイ国王の銅像もあります。ご本尊はタイの国宝、金銅釈迦如来像です。

昭和に入ると、戦時色が強まる中、政府による宗教統制も強化。仏教界も次第に戦争協力の姿勢を強めざるを得なくなりました。

一九三九年、宗教団体法施行によって仏教界は国家政策に同調。一九四四年の大日本戦時宗教報国会の設立を経て、敗戦を迎えました。

一九四五年、敗戦に伴って発布された宗教法人令によって十三宗二十八派の統制が解除され、二百六十団体が宗教法人として名乗りを上げました。

その中には、幕末から明治・大正・昭和の間に信者を拡げてきた新興の宗教や宗派も含まれており、現在につながっています。

あとがき

戦後の仏教は新たな歩みを始めました。一九五〇年の世界仏教徒連盟、一九五四年の全日本仏教会（全日仏）、一九七〇年のアジア仏教徒平和推進委員会の設置などを経て、国内外で活動を行っています。

二十一世紀は「文明の衝突」の時代とも言われる中、宗教とりわけ仏教の果たす潜在的な役割は極めて大きいと思います。

本来、「生きるとは何か」「自分とは何か」という内省的な問いかけを本質とする仏教。混迷の時代における存在意義と役割が問われています。

国内外で利害の対立や争いごとが絶えません。同種同士で傷つけあい、殺し合う人間という動物は、この世の中で最も危険で愚かな生き物かもしれません。

かくも愚かな人間に、如何に生きるべきかを諭しているのが仏教であると思います。生きていること、生かされていることに感謝し、人知を超えた何ものかに畏敬の念を抱き、利他愛と謙虚な気持ちをもっていれば、対立や争いごとは自ずと和らいでいきます。

「仏教通史」の締め括りに、武士から僧・歌人に転じた西行法師（一一一八～一一九〇年）が、伊勢神宮を参拝した際に詠んだと言われる名句を記します。筆者が大好きな句のひとつです。「何ごとの おわしますをば 知らねども かたじけなさに 涙こぼるる」。日本人が大切にすべき心、古来から育まれてきた宗教観を、見事に表現しています。この心と宗教観が、二十一世紀の世界を少しでも良い方向に導くことを祈念しています。

何ごとかがこの本を書かせてくれたことに感謝しつつ、「仏教通史」の筆を置きます。

最後に、この本に先立つ「弘法大師の生涯と覚王山」の出版にあたり、お世話になった大法輪閣の谷村英治さんが早逝されたと伺いました。心からご冥福をお祈り申し上げます。

大塚耕平　合掌

(図 22) 歴代天皇と仏教史

	天皇	在位	備考	仏教史
1	神武	神武元-76		
2	綏靖	綏靖元-33		
3	安寧	綏靖 33-安寧 38		
4	懿徳	懿徳元-34		
5	孝昭	孝昭元-83		
6	孝安	孝安元-102		
7	孝霊	孝霊元-76		
8	孝元	孝元元-57		
9	開化	孝元 57-開化 60		
10	崇神	崇神元-68		
11	垂仁	垂仁元-99		
12	景行	景行元-60		
13	成務	成務元-60		
14	仲哀	仲哀元-9		
15	応神	応神元-41	倭五王「讃」比定	
16	仁徳	仁徳元-87	同上	
17	履中	履中元-6	同上	
18	反正	反正元-5	倭五王「珍」比定	
19	允恭	允恭元-42	倭五王「済」比定	
20	安康	允恭 42-安康 3	倭五王「興」比定	
21	雄略	安康 3-雄略 23	倭五王「武」比定	
22	清寧	清寧元-5		
23	顕宗	顕宗元-3		
24	仁賢	仁賢元-11		
25	武烈	仁賢 11-武烈 8		
26	継体	507-531		
27	安閑	531-535		
28	宣化	535-539		仏教公伝(538)
29	欽明	539-571		仏教公伝(552)説
30	敏達	572-585		聖徳太子誕生(574)
31	用明	585-587		

歴代天皇と仏教史

32	崇峻	587-592	＜592＞飛鳥京	
33	推古	592-628	女帝	聖徳太子没(621)
34	舒明	629-641		役行者
35	皇極	642-645	女帝	大化改新（645）
36	孝徳	645-654		
37	斉明	655-661	女帝（皇極重祚）	
38	天智	668-671		行基誕生（668）
39	弘文	671-672		
40	天武	673-686		
41	持統	690-697	女帝	鑑真誕生（688）
42	文武	697-707		
43	元明	707-715	女帝　＜710＞平城京	
44	元正	715-724	女帝	
45	聖武	724-749		行基没（749）
46	孝謙	749-758	女帝	
47	淳仁	758-764		鑑真没（763）
48	称徳	764-770	女帝（孝謙重祚）	最澄誕生（767）
49	光仁	770-781		空海誕生（774）
50	桓武	781-806	＜784＞長岡京 ＜794＞平安京	
51	平城	806-809		
52	嵯峨	809-823		最澄没（822）
53	淳和	823-833		
54	仁明	833-850		空海没（835）
55	文徳	850-858		
56	清和	858-876		
57	陽成	876-884		
58	光孝	884-887		
59	宇多	887-897		
60	醍醐	897-930		
61	朱雀	930-946		
62	村上	946-967		
63	冷泉	967-969		
64	円融	969-984		
65	花山	984-986		

66	一条	986-1011		
67	三条	1011-1016		
68	後一条	1016-1036		
69	後朱雀	1036-1045		
70	後冷泉	1045-1068		
71	後三条	1068-1072		
72	白河	1072-1086		
73	堀河	1086-1107		
74	鳥羽	1107-1123		
75	崇徳	1123-1141		法然 1133-1212　栄西 1141-1215
76	近衛	1141-1155		
77	後白河	1155-1158		
78	二条	1158-1165		
79	六条	1165-1168		
80	高倉	1168-1180		親鸞 1173-1262
81	安徳	1180-1185		
82	後鳥羽	1183-1198	〈1192〉鎌倉幕府	
83	土御門	1198-1210		道元 1200-53
84	順徳	1210-1221		
85	仲恭	1221-1221		
86	後堀河	1221-1232		日蓮 1222-82
87	四条	1232-1242		一遍 1239-89
88	後嵯峨	1242-1246		
89	後深草	1246-1259		
90	亀山	1259-1274		
91	後宇多	1274-1287		
92	伏見	1287-1298		
93	後伏見	1298-1301		
94	後二条	1301-1308		
95	花園	1308-1318		
96	後醍醐	1318-1339	南 1　〈1338〉室町幕府	
97	後村上	1339-1368	南 2	
98	長慶	1368-1383	南 3	
99	後亀山	1383-1392	南 4	
北 1	光厳	1331-1333		

北2	光明	1336-1348	〈1338〉室町幕府	
北3	崇光	1348-1351		
北4	後光厳	1352-1371		
北5	後円融	1371-1382		
北6	後小松	1382-1392		
100	後小松	1392-1412		
101	称光	1412-1428		
102	後花園	1428-1464		
103	後土御門	1464-1500		
104	後柏原	1500-1526		
105	後奈良	1526-1557		信長 1534-82 秀吉 37-98 家康 43-1616
106	正親町	1557-1586		
107	後陽成	1586-1611	〈1603〉江戸幕府	
108	後水尾	1611-1629		
109	明正	1629-1643	女帝	
110	後光明	1643-1654		
111	後西	1654-1663		
112	霊元	1663-1687		
113	東山	1687-1709		
114	中御門	1709-1735		
115	桜町	1735-1747		
116	桃園	1747-1762		
117	後桜町	1762-1770	女帝	
118	後桃園	1770-1779		
119	光格	1779-1817		
120	仁孝	1817-1846		
121	孝明	1846-1866		
122	明治	1867-1912	＜1868＞明治維新	
123	大正	1912-1926		
124	昭和	1926-1989		
125	今上	1989		

（注）網掛け部分は、南北朝時代

【主な参考文献（五十音順）】

小和田哲男（2012）「血脈の日本史」実業之日本社.
加藤純隆・加藤精一訳（2007）「三教指帰」角川ソフィア文庫.
加藤純隆・加藤精一訳（2010）「秘蔵宝鑰」角川ソフィア文庫.
加藤精一（1999）「空海入門」大蔵出版.
加藤精一編（2011）「般若心経秘鍵」角川ソフィア文庫.
久保田展弘（2006）「役行者と修験道」ウェッジ.
坂本勝監修（2005）「古事記と日本書紀」青春出版社.
坂本勝監修（2009）「古事記と日本書記」青春新書.
末木文美士（2010）「近世の仏教」吉川弘文館.
銭谷武平（1991）「役行者ものがたり」人文書院.
田中治郎（2002）「仏教のことが面白いほどわかる本」中経出版.
中山良昭（2010）「日本人の起源の謎」河出書房新書.
ひろさちや編（1998）「仏教入門」池田書店.
前田良一（2006）「役行者」日本経済新聞社.
松濤弘道（2002）「仏教の常識がわかる小事典」PHP 新書.
吉田邦博（2010）「古事記入門」学研パブリッシング.
吉田孝（1997）「日本の誕生」岩波新書.
「飛鳥・奈良」（2008）新星出版社.
「空海」（2003）『仏教を歩く』朝日新聞社 .
「空海と高野山」（2003）NHK.
「空海と曼荼羅宇宙」（2003）『日本の美をめぐる』小学館.
「古事記・日本書記」（2010）新星出版社.
「最澄」（2003）『仏教を歩く』朝日新聞社 .
「聖徳太子の本」（1997）学研パブリッシング.
「仏教伝来」（1990）『プレジデント 11 月号』プレジデント社.
「仏教べんり事典」（1999）大法輪閣.
「仏教を歩く（全 30 巻）」（2003 - 2004）朝日新聞社.

大塚耕平（おおつかこうへい）

仏教コラムニスト。中日文化センター仏教講座（暮らしの中の仏教）講師を務めるほか、全国先達会、愛知県先達会、東日本先達会などで仏教講演を行っている。仏教関係の著書に『弘法大師の生涯と覚王山』『四国霊場と般若心経』（大法輪閣）。

仏教ブログ「覚王山 耕庵」https://ko-an.blog

1959年生まれ、愛知県出身。早稲田大学卒業、同大学院博士課程修了（学術博士）。日本銀行を経て参議院議員。元内閣府副大臣・厚生労働副大臣。現在、早稲田大学客員教授（2006年〜）、藤田保健衛生大学客員教授（2016年〜）。元中央大学大学院客員教授（2005〜2017年）。著書に『公共政策としてのマクロ経済政策』（成文堂）、『3.11 大震災と厚労省』（丸善出版）など。

「弘法《こうぼう》さん かわら版《ばん》」講座《こうざ》　**仏教通史《ぶっきょうつうし》**

2015（平成27）年 10月10日 初版第1刷発行
2017（平成29）年 9月25日 初版第2刷発行

著　者　大　塚　耕　平
発行人　石　原　大　道
印刷・製本　三協美術印刷株式会社
発行所　有限会社 大　法　輪　閣
〒150-0011 東京都渋谷区東2-5-36
大泉ビル2F
TEL　(03) 5466-1401(代表)
振替　00160-9-487196番
http://www.daihorin-kaku.com

ISBN978-4-8046-1377-2 C0015

(2008年夏現在・地図制作/片岡三佳)

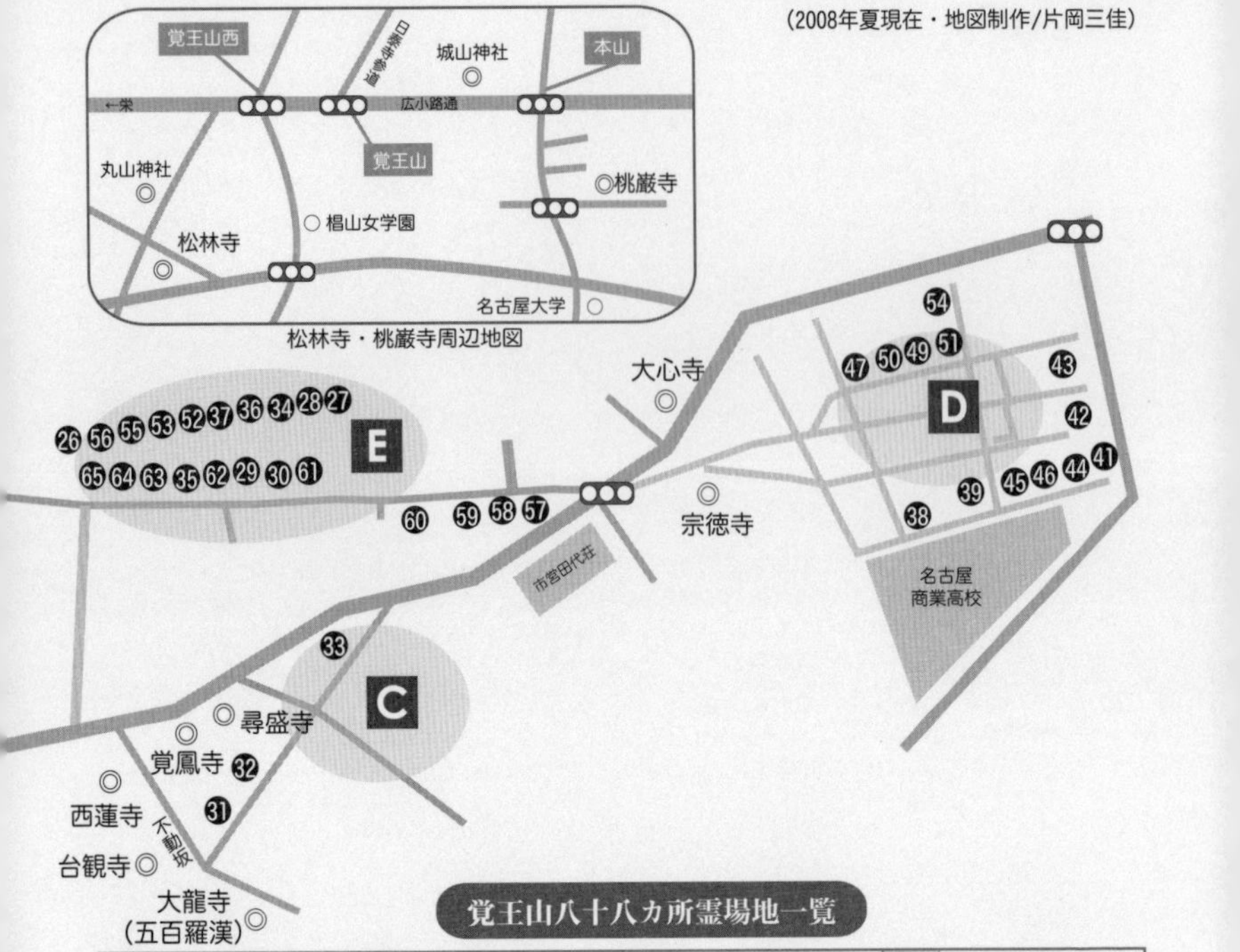

覚王山八十八カ所霊場地一覧

1	霊山寺	23	薬王寺	45	岩屋寺	67	大興寺
2	極楽寺	24	最御崎寺	46	浄瑠璃寺	68	神恵院
3	金泉寺	25	津照寺	47	八坂寺	69	観音寺(七宝山)
4	大日寺(黒巌山)	26	金剛頂寺	48	西林寺	70	本山寺
5	地蔵寺	27	神峰寺	49	浄土寺	71	弥谷寺
6	安楽寺(温泉山)	28	大日寺(法界山)	50	繁多寺	72	曼荼羅寺
7	十楽寺	29	国分寺(摩尼山)	51	石手寺	73	出釈迦寺
8	熊谷寺	30	善楽寺(妙色山)	52	太山寺	74	甲山寺
9	法輪寺	31	竹林寺	53	円明寺	75	善通寺
10	切幡寺	32	禅師峰寺	54	延命寺	76	金倉寺
11	藤井寺	33	雪蹊寺	55	南光坊	77	道隆寺
12	焼山寺	34	種間寺	56	泰山寺	78	郷照寺
13	大日寺(大粟山)	35	清滝寺	57	栄福寺	79	高照院
14	常楽寺	36	青龍寺	58	仙遊寺	80	国分寺(白牛山)
15	国分寺(法養山)	37	岩本寺	59	国分寺(金光山)	81	白峯寺
16	観音寺(光耀山)	38	金剛福寺	60	横峰寺	82	根香寺
17	井戸寺	39	延光寺	61	香園寺	83	一宮寺
18	恩山寺	40	観自在寺	62	宝寿寺	84	屋島寺
19	立江寺	41	龍光寺	63	吉祥寺	85	八栗寺
20	鶴林寺	42	仏木寺	64	前神寺	86	志度寺
21	太龍寺	43	明石寺	65	三角寺	87	長尾寺
22	平等寺	44	大宝寺	66	雲辺寺	88	大窪寺